JN098519

第2版はしがき

　平成30年8月に第1版が刊行された後，令和2年に著作権法の改正がなされた。リーチサイト対策，侵害コンテンツのダウンロード違法化，写り込みに係る権利制限規定の対象範囲の拡大等，ブロガーやウェブサイト管理者の方にとっても影響のある改正内容を含んでおり，またウェブサイト上のコンテンツの利用態様の変化は目まぐるしいものがあるため，新たなQの追加も含め改訂を行うこととした。

　中央経済社の和田豊氏および川副美郷氏からは時宜を得た改訂のご提案を頂いた。感謝申し上げたい。

　漫画村事件に端を発したリーチサイト対策は令和2年改正によって手当てがなされた。近々予想される大きな動きとしては，テレビ番組出演者に対する誹謗中傷事件を嚆矢として検討されている発信者情報開示の容易化であろう。法改正および実務への浸透がなった段階で本書も大幅な改訂が必要になるものと予測している。

　また，最近はNFT（Non-Fungible Token）に関する新たなビジネスや契約書の相談が増えている。NFTはインターネットを介して流通するが，著作権（複製権・自動公衆送信権）の処理が不可欠である。法的には，購入者は著作権そのものではなく，独占的ライセンスを得るに過ぎない場合が多いと思われるが，こちらも今後数年の内に本書の記載対象として検討すべきものに発展していくと予測している。

　この予測が正しかったかどうか数年後の改訂が楽しみである。

令和4年7月

雪丸　真吾

はしがき

　近時，インターネット記事削除に関する法律相談が増加している。

　削除請求は迅速な削除を実現する必要が高いので仮処分手続を利用する場合が多いが，担当する東京地裁民事９部（保全部）におけるインターネット関連事件の事件数は，平成27年に64.9％に達しているとの指摘もある（関述之「平成27年度の東京地方裁判所民事第９部における民事保全事件の概況」金融法務事情2044号30頁）。

　削除請求の法的根拠としては，名誉毀損やプライバシー権侵害に加えて著作権侵害を主張する場合が多い。インターネットに記事をアップロードする際，名誉毀損・プライバシー権侵害ではないかという検討に加えて，「著作権侵害ではないか」という検討も行わなければならないが，前二者と比較してこの検討は遥かに難解と思われる。本書はその検討の助けとなるべく企画されたものである。ブロガーやウェブサイト管理者の方のお役に立てば嬉しく思う。

　なお，脱稿に際して，平成30年著作権法改正が成立したとの情報に接した。そのため，その概要について，コラムで若干ではあるがこれを紹介することとした。

　多数の案件を抱え非常に多忙であるにもかかわらず，小職からの執筆依頼に応え執筆に献身的に取り組んでいただいた担当各位に編者として心より感謝申し上げたい。特に福市航介・宮澤真志の両弁護士には原稿執筆に

加え，問題の作成・本書全体の構成についても多大な協力を得た。

　本書を企画し執筆の機会を与えて下さった中央経済社の川副美郷氏には，度重なる入稿期限延期のお願いにもかかわらず最後まで本書の完成を温かく見守っていただいた。深甚の謝意を表したい。

　平成30年7月

雪丸　真吾

目　　次

第1章

著作権法の基礎知識(1)
～著作権とは～

2 ┃ 目 次

第2章

著作権法の基礎知識(2)
～著作物を自由に利用できる場合～

第3章

その他の法律・権利

第4章

コンテンツごとの検討

第5章

侵害情報の削除請求・
発信者情報開示請求への対応

第6章

書　式

■本書では，法律名の略称を次のように定めます。

（法律は令和4年4月1日現在のものとします）

民法	民
著作権法	著
同法施行令	著令
同法施行規則	著規
プロバイダ責任制限法	プロ責

（特定電気通信役務提供者の損害賠償責任の制限及び発信者情報の開示に関する法律）

著作権法の基礎知識(1)
～著作権とは～

　ウェブサイトを管理・運営する現場では，動画・写真などのコンテンツについて，著作権があるのか，その侵害があるのかどうかという点が問題となることが多いと思います。そこで，第1章では，著作権法の概要について見ていきます。具体的には，①著作物とは何か，②その著作物の著作者とはどのように認定されるのか，③著作者とされるとどのような権利を持つのか，④その権利は一体いつまで保護されるのかといった点を概観します。これらは個別の問題を解決するための基本的な知識ですから，しっかりと押さえておくことが必要です。これらを知ることができれば，誰のどのような権利が侵害されているのかを推測できるようになるでしょう。この知識は，SNSを利用する場合であっても，同様に役に立つはずです。

第 1 節

著 作 物

Q1 著作物とは

著作物とは何ですか。

 「思想又は感情を創作的に表現したものであって，文芸，学術，美術又は音楽の範囲に属するもの」（著2条1項1号）と定義されています。

解説

定義を部分ごとに見ていきましょう。

1 思想または感情

人間の精神活動の結果産み出されるものでないといけません。昭和は64年までといった客観的な事実それ自体は含まれません。また，人間の思想感情を意味しますので，ロボットや象が絵を描いたとしても著作物とはなりません。

2 創作的

創作的というのは何らかの「個性の表出」であればよいと考えられています。「創作性」の要件とよくいわれます。誰が創作しても同様の表現となるようなありふれた表現のものは，創作性を欠き著作物とは認められないという判断になります。

ただ，「個性の表出」といっても芸術性が高いかどうかという問題とは

無関係です。小学生が描いた絵も立派に創作性があります。

3　表現

　内心にとどまらず外部に表出されていないといけないということです。考えただけでは駄目です。

　ただし，何かの媒体に固定することまでは不要です。しゃべったり，楽器を演奏したりする場合も表現です。

4　文芸，学術，美術または音楽の範囲に属するものであること

　大体の表現物は，上記のどれかには属するので，この要件はあまり意味のない要件です。

〔雪丸真吾〕

著 作 者

Q2　著作者とは

著作者とは誰ですか。

A　「著作物を創作する者」（著2条1項2号）と定義されています。

解説

　原則，具体的な表現を創作した人が著作者となります。なお，この「者」には自然人に加えて法人も含まれます。例外的に会社が著作者になる場合もあるのです（著15条1項）。

〔雪丸真吾〕

Q3　創作行為の関与の程度と著作者

　当社は，ブルーを使った明るく清潔感のあるイメージで当社ポスターのデザインをデザイナーに頼みました。イメージや色を選択していますし，高額な委託料を支払ってもいますので，当社も，著作者となると考えてよいですか。

A　著作者とはなりません。

解説

　著作者は創作的な表現行為を行った人ですから，著作者となるためには，

「表現」や「創作」に具体的に関与する必要があります。

　そのため，単にアイデアを提供したり，抽象的な指示を行ったりしても，それは表現行為に具体的に関与するものではありませんから，このような行為をしても著作者とはなれません。

　また，資金面の援助や資料の提供をしても，そのような行為は創作行為に具体的に関与するものではありませんから，当該行為をした人は著作者とはなれません。

　本件では，貴社はブルーを使った明るく清潔感のあるイメージといった指示をしておりますが，抽象的ですので，表現行為に具体的に関与したとはいえないと思います。

　また，委託料が高額との点についても，やはり創作行為に具体的に関与するものではありません。そのため，貴社は，貴社ポスターの著作者ではないことになります。

　もっとも，貴社が詳細にポスターの配色，大きさ，デザイン，デザインの配置等をデザイナーに指示した場合には，貴社が著作者となる余地があります（ただ，デザイナーの感性に任せて依頼をするわけですので，そういったケースはあまり考えられません）。

〔福市航介〕

Q4　職務著作

　会社の従業員が職務上作った文章や画像は，従業員が作成した以上は著作者となるのでしょうか。

　A　　原則として会社が著作者となります。

解説

　著作者は，具体的な表現を創作した人がなるのが原則でした。しかし，会社等では，たくさんの従業員が著作物を作っているのが通常です。仮に会社が従業員の作った著作物を利用するために従業員から個別に許諾をもらっていたのでは，煩雑過ぎて，会社の業務に支障が出ますね。また，会社の外部の人としても，著作物を利用した場合に，会社のどの従業員が作ったのかを探し出して，その人から著作物の利用について許諾を得るのは大変です。そこで，著作権法は，一定の条件を満たすのであれば，従業員の作った著作物の著作者は，当該従業員が所属する会社とすることにしました（著15条）。

　一定の条件とは何でしょうか。会社に所属しているというだけで従業員が作った著作物について会社が著作者となるのは行き過ぎです。そこで，著作権法は，①著作物の作成について，直接的または間接的に会社等の判断にかかっていること，②会社等の業務に従事している人が著作物を作ったこと，③著作物の作成が職務上作成されたこと，④その著作物が会社名義で公表されるものであることという要件を満たすような場合に限って，従業員が作った著作物の著作者は会社等であるとしました（著15条1項）。こういった場合は，会社で著作物が作られる場合には概ね当てはまるのではないかと思います。

　もっとも，従業員と会社との間で，先ほどの取扱いと別とするという取り決め（契約，勤務規則等）があれば，これに従って著作者が決まります。

〔福市航介〕

Q5 共同著作

2人で共同して小説を創作した場合の著作権の取扱いはどうなるのですか。

A この場合にできた小説を「共同著作物」といいます。著作権は共有となり，行使や譲渡のためには，原則として他の共有者の同意を得なければなりません。また，著作者人格権も，行使のためには，原則として著作者全員の合意が必要になります。ただし，差止請求や損害賠償請求をするときは，いずれも単独でできます。また，保護期間も，共同著作者のうち最後に死亡した著作者の死後70年の経過によって満了することに注意が必要です。

解説

1 共同著作物とは

著作物は常に1人で作られるというものではありません。2人以上の人が集まって著作物が創作されるということもあります。この場合，創作に関与した人たちの権利関係を整理しておかなければ無用なトラブルとなります。そこで，著作権法は，このような著作物を「共同著作物」として，権利関係を整理しました（著2条1項12号・64条・65条）。

2 共同著作物の著作権

まず，著作権について見てみましょう。著作権は，共同して創作に関与した著作者の「共有」となります。共有者全員の合意がなければ行使できません（著65条2項）。著作物の利用方法は様々ですから，共有者が自由に利用方法を決めてしまうと，他の共有者の利用が制限されてしまうからです。

著作権の行使に共有者全員の合意が必要となると，誰が共有者かは大事です。そこで，著作権の共有持分の譲渡は他の人の同意が必要となりました（著65条1項）。

3　共同著作物の著作者人格権

次に，著作者人格権を見てみます。共同著作物の著作者は創作した著作物に思い入れがあると思いますが，他の著作者の利用方法等が自分の意に沿わないこともありますね。そこで，著作者人格権についても，著作者全員の合意がなければ行使できないことになっています（著64条1項）。

4　単独での損害賠償請求・差止請求，代表者制度

もっとも，他人に著作権や著作者人格権を侵害されているときまで著作者または共有者全員の合意がない限り損害賠償請求や差止請求ができないとすると，権利侵害をよしとしない共有者の利益が損なわれます。そこで，損害賠償請求や差止請求は，単独でできるとされています。

こういった処理が面倒というのであれば，共有者の間で著作権や著作者人格権を行使する代表者を決めることができます（著64条3項および4項・65条4項）。

5　共同著作物の保護期間

最後に，共同著作物の保護期間ですが，著作者の中で最後に亡くなった人を基準として，70年を経過するときまでとなりました（期間の計算の仕方については，Q15参照）。他の人と共同して創作した場合であっても，保護の期間について単独で創作した場合と同じようにされるべきと考えられているからです。

〔福市航介〕

コラム①

共同著作物と似て非なるもの—結合著作物

　Q5では，共同著作物について，2人以上の人が集まって創作される著作物としましたが，厳密には，「二人以上の者が共同して創作した著作物であって，その各人の寄与を分離して個別的に利用することができないもの」をいうとされています（著2条1項12号）。

　そのため，個々人の寄与が分離できる場合，例えば，小説に挿絵が入っていた場合の文章の著作者と挿絵の著作者の関係であったり，百科事典の各項目の著作者の関係の場合には，個々人の寄与が分離できますから，これを共同著作物ということはできません。このように，複数人が関与してできあがった著作物であっても，それぞれの創作した部分を別に分けることができるような著作物を「結合著作物」といいます。

　結合著作物の場合には，共同著作物のような特別な取扱いはありません。原則通り，各人を著作者として扱い，それぞれの著作権について考えていくことが必要です。

　紛らわしいですが，取扱いが異なる以上，注意が必要となります。

〔福市航介〕

Q6　著作者の推定規定

誰が著作者であるかは，どのようにして知るのですか。

 著作者の推定規定（著14条）を使います。

解説••

　特許権のように，国が審査して登録を必要とする権利は一括管理されたデータベースがあるので権利者が誰かはすぐにわかりますが，残念ながら著作権にはそのような便利なものがありません。

　著作権にも一応登録制度はあるのですが（著78条），登録しなくても権利保護がなされるのでほとんど登録されていないのが実情です。もし珍しく登録されていれば，文化庁のデータベースにインターネット経由でアクセスできますのでこちらで調べることとなります。

> 著作権等登録状況検索システム　http://www.bunka.go.jp/eGenbo4/

　誰が著作者かを立証しようとしても考えてみるとなかなか難しいですね。絵を描いている画家の様子をずっと録画しておけば立証できそうですが，それはあまりに大変です。

　そこで著作権法では14条に推定規定が設けられています。

【著作者の推定】

> 第14条　著作物の原作品に，又は著作物の公衆への提供若しくは提示の際に，その氏名若しくは名称（以下「実名」という。）又はその雅号，筆名，略称その他実名に代えて用いられるもの（以下「変名」という。）として周知のものが著作者名として通常の方法により表示されている者は，その著作物の著作者と推定する。

　絵画の片隅に「雪丸真吾」という落款がある，書籍の表紙や奥付に「著者　雪丸真吾」と記載してある，という場合は著作者を雪丸真吾と推定してよいということになります。

　もっとも，推定に過ぎないので結論に不満がある人は「でも実際には雪丸は絵を描かないで弟子の方が全部描いていましたよ」ということを反証

できれば結論を「著作者は弟子である」と変えることも可能です。

〔雪丸真吾〕

Q7　著作者と著作権者

著作者と著作権者は違うのですか。

A　違います。

解説

著作者は著作物を創作する者でしたね。一方の著作権者は著作権を保有している者を意味します。

著作物を創作した時点では両者は同一です（ただし，映画だけは例外です）。著作者でありかつ著作権者になります。

著作者は永久に変わりませんが，著作権者は時の経過とともに変わっていきます。著作権は譲渡（著61条）や相続の対象となるので，譲渡や相続がおきたときは，著作権者が変わっていくのです。

例えば，ビートルズ楽曲の著作権をマイケルジャクソンが保有していたことがあるのは有名な話ですが，著作者は作曲したジョンレノンやポールマッカートニーであるものの，同人が著作権を売却した結果，巡り巡ってマイケルジャクソンが著作権を買い取ったということだと理解されます。

以上のとおりですが，ややこしいのが，「著作者」という表現で著作者・著作権者両方を意味する場合も多くあるのです。文脈で判断してください。

〔雪丸真吾〕

Q8 著作権者不明の取扱い

著作物を利用したいのですが，著作権者が不明で利用の許諾が取れません。どうすれば利用できますか。

 A 著作権者不明等の場合における裁定制度を活用すれば，利用することができます。裁定制度の内容と具体的な手続のやり方は，文化庁が示している「裁定の手引き」に記載があります。

解説

1 裁定制度

他人の著作物を利用するためには，著作権者から許諾を得るのが原則です。ただ，著作権者が誰かわからないとか，わかっていてもどこにいるのかわからない等といった場合にまで原則を貫くと著作物が利用できなくなってしまいます。

そこで，このような場合には，文化庁長官の裁定を受けて，著作権者のために通常の使用料相当と文化庁長官が定める額を供託すれば，許諾なく他人の著作物を利用できることになっています（著67条）。何か難しそうですが，文化庁が示している「裁定の手引き」に書いているとおりに所定の手続さえすればよいので，安心してください。

2 「著作権者が不明」

では，「著作権者が不明」とはどういう場合でしょうか。著作権者の同意なく著作物を利用するのですから，著作権者を探す「相当の努力」をしたことが必要です。では，「相当な努力」とは，何をすればよいのでしょうか。大きく2つの段階に分けることができます。1つは，著作権者と連

絡をとるための情報（氏名，名称，住所，居所等）の収集であり，もう1つは，収集した情報に基づいた権利者への連絡です。

(1)　著作権者に関する情報収集

　では，著作権者の情報取集から説明します。これは，次の3つをすべて行う必要があるとされています（著令7条の5，平成21年文化庁告示第26号）。

---

①　名簿・名鑑等（例：文化人名録，文藝年鑑等）の調査またはインターネット上の検索サービス（例：Google等）による調査

②　著作権等管理事業者および著作者団体や学会等のすべてに対する照会

③　時事に関する事項を掲載する日刊新聞紙（例：中央紙，ブロック紙，地方紙）へ掲載する方法または公益社団法人著作権情報センター（CRIC）のウェブサイトに7日以上継続して掲載する方法によって広く権利者情報の提供を求めること

---

　①では，従前，2種の調査はいずれもしなければならなかったのですが，いずれか適切なものを選択すればよいとされました。②では，従前は上に掲げた団体の他に出版社やレコード会社等に対して照会することが要求されていましたが不要となりました。③についても，ウェブサイト上の掲載期間は30日以上とされていましたが，7日以上に短縮されました。これらは，平成26年8月の告示の改正によるものです。

　また，平成28年2月の告示の改正に伴って，一度裁定を受けた著作物については，文化庁が設置する裁定データベース（文化庁のウェブサイトからアクセスすることができます）を閲覧することで①の要件を満たし，文化庁へ照会すれば②の要件も満たすように要件が緩和されました。

(2)　権利者への連絡

　そうして，著作権者の情報を得れば，2つ目の権利者への連絡を行いま

す。具体的には，得られた情報の内容に応じて，訪問，郵送，宅配（住所が判明している場合），電話，FAX，メール（これらの情報が判明している場合）等によって，権利者への連絡を行います。なお，連絡をとったけれど，たまたま留守であったなど，権利者と思われる人と話ができなかった場合や権利者に利用を断られた場合等は，権利者と連絡がとれない場合にはあたりませんので，留意してください。

3 裁定手続の流れ

では，裁定手続はどうやるのでしょうか。その概要を説明しますね。

① まず，所定の申請書に所定事項を記入し，所定の添付資料とともに文化庁著作権課へ提出します。文化庁ウェブサイトには，申請書の様式が取得できるほか，さきほどの「裁定の手引き」（ダウンロードが可能です）によって，申請書の記載方法，必要な添付資料等が確認できます。

② また，文化庁長官に対する申出によって，申請中に著作物を利用することもできます。この場合，文化庁長官が定めた担保金（原則として申請から1～2週間で通知されます）を供託所に供託することで利用が可能となります（なお，平成30年改正著作権法により，平成31年1月1日から，国および地方公共団体等については補償金の供託が不要となり，権利者が現れた後に補償金を支払うことで足りるようになるので留意が必要です）。

③ ちなみに，標準処理期間の目安として，申請から2カ月程度で申請に対する文化庁長官の裁定の可否の決定がされるとされています。裁定がなされた場合には，その際定められた補償金を供託所に供託することによって著作物の利用が可能となります（すでに申請中利用のために担保金を供託していた場合には，それとの調整があります）。そ

の他具体的な手続の流れは，先ほどの「裁定の手引き」で確認できますので，参考にしてください。

〔福市航介〕

第3節

著作権の内容

Q9 著作権の種類

著作権は「権利の束」と聞きましたが，どういう権利がありますか。

A 大きく2つに分けると著作者人格権と財産権です。前者は3種
に，後者は12種にさらに分かれます。

解説

一口に著作権といってもその中には様々な権利が含まれています。著作
権が権利の束といわれるゆえんです。

大きく分けると，著作者人格権と財産権の2つに分かれます。

主な違いは，前者は他人に譲渡できない・相続の対象とならないという
点にあります。つまり著作者人格権を行使するのは著作者のみです。

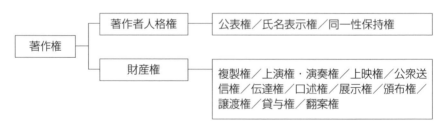

〔雪丸真吾〕

Q10　著作者人格権の種類

著作者人格権にはどのような種類がありますか。

A　公表権・氏名表示権・同一性保持権の3種類があります。

解説

　著作者人格権は，著作者の人格的利益を保護する権利であり，人格から分離することができないと理解されているので，他人に譲渡したり子孫に相続されたりすることもないまま，著作者だけが有し，死亡とともに消滅する権利です。

　公表権（著18条）は，創作した著作物を世の中に公表するかどうかを決める権利です。有名なサッカー選手の中田英寿さんが中学時代に学年文集に寄稿した詩が無断で書籍に掲載されたことについて公表権侵害が争われた裁判例があります（東京地裁平成12年2月29日判決）。

　氏名表示権（著19条）は，著作物に著作者の氏名を表示するよう（あるいはしないよう）求める権利です。多くの著作権侵害事件では，発覚を恐れて著作者の氏名を表示しないまま無断で著作物が利用されている例が多いので，実際の事件でもよく主張される権利です。

　同一性保持権（著20条）は，著作物およびその題号を著作者の意に反して勝手に改変されない権利です。

　ブログでは多くの写真が使われていますが，写真のトリミング（東京地裁平成11年3月26日判決）や，一部分の切出し・コメントや赤色破線の付加・背景色の変更・陰影の改変（東京地裁平成25年7月19日判決）について同一性保持権侵害が認められた例も多いので，気を付けましょう。

〔雪丸真吾〕

Q11　財産権としての著作権

財産権としての著作権には，どのような種類がありますか。

A 図に示した12種類の権利があります。

解説..

　財産権は12種に分けられます。ブログ等のウェブサイトで関係するのは主に複製権，翻案権，公衆送信権の３つです。

　詳しくは，Q12・13をご参照ください。

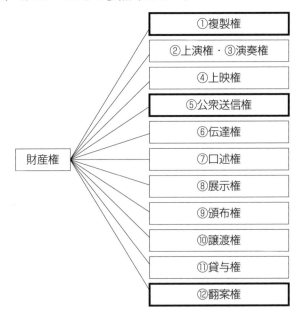

〔雪丸真吾〕

Q12　複製権と翻案権

複製権や翻案権とは何ですか。

A　「複製」とは，印刷，写真，複写，録音，録画その他の方法で新しい有体物に固定させることをいいます。コピーをとる行為が典型です。この複製を独占できる権利が複製権です。

他方，「翻案」とは，もともとの著作物の基本的な内容を維持しつつ，その表現形式を変えたりすることや，もともとの著作物の表現形式を変えることなく，新たな創作的な表現を加えることをいいます。アレンジを加える行為といえます。この翻案を独占できる権利が翻案権です。

解説

1　複製権とは

まずは複製権（著21条）から見ていきましょう。

複製はイメージしやすいと思います。そのままの意味です。ただ，ここでは，もう少し詳しく見ていきましょう。複製とは，著作物を有形的に再製したことをいうとされています（著2条1項15号）。この「有形的に再製」とは，例えば，紙やハードディスクなどに対して物理的・科学的な変化を及ぼすことで，著作物を一定の時間永続的に物理的に感知できるようにすることをいいます。例えば，紙に文章を写したりすることが考えられます。このように，有形的に再製されてしまうと，後々たくさんの人に利用されてしまうおそれがあり，著作権者に大きなダメージが生じます。そこで，著作権法は，このような複製行為を禁止するため，著作権者に複製権を与えています。

2　翻案権とは

　次に，翻案権について見てみましょう。少し難しいですね。

　著作物の中には，ある著作物を基にして別の表現形式に変更されたものであったり，ある著作物を基にして新たな創作的な表現を加えたりすることがあります。前者の例としては小説の映画化があり，後者の例としては，あるストーリーに基づいて漫画を作画することなどがあります。このように，もともとある著作物の基本的な内容を維持しつつ，その表現形式を変えたり，もともとある著作物の表現形式を変えることなく，新たな創作的な表現を加えたりすることを「翻案」といいます。著作権者は，このような行為を独占してできる権利である「翻案権」を持ちます。

　では，どういった場合に「翻案」があったといえるでしょうか。これには難しい判断を伴います。判例では，「既存の著作物に依拠し，かつ，その表現上の本質的な特徴の同一性を維持しつつ，具体的表現に修正，増減，変更等を加えて，新たに思想又は感情を創作的に表現することにより，これに接する者が既存の著作物の表現上の本質的特徴を直接感得することができる別の著作物を創作する行為をいう」と定義していますので（最高裁平成13年6月28日判決〔江差追分事件〕），もともとの著作物の本質的特徴を直接感得できるような場合に翻案があったといえることになります。ただ，非常に抽象的なものであり，さらに細かな議論がありますから，どの程度までであれば翻案なのかという判断については，専門家の意見を聞くことをお勧めします。

〔福市航介〕

Q13　自動公衆送信権

著作権の中の「自動公衆送信権」とは何ですか。

A 著作物をアップロードしたり，配信したりすることを独占できる権利です。

解説

　質問の「自動公衆送信権」は，インターネットに関するとても重要な位置を占める権利です。

　Q11で説明した12種類の権利の中で，「公衆送信権」というものがあります。これは，公衆に直接受信してもらうことを目的として，無線や有線での送信を行うことをいいます。この中には，放送，有線放送，インターネットによる送信が含まれます（【図1】）。この中で，インターネットに関するのは，「自動公衆送信」となります。

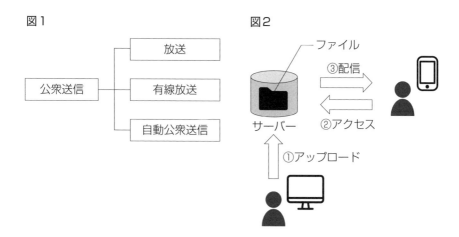

図1

公衆送信 ─┬─ 放送
　　　　　├─ 有線放送
　　　　　└─ 自動公衆送信

図2

ファイル

サーバー

③配信
②アクセス
①アップロード

　私たちは，日常，ウェブサイトにアクセスして，ウェブサイトにある文章，画像，動画等を見ますね。このようなことができるのは，ウェブサイトのあるサーバーに文章，画像，動画等のファイルがアップロードされ（【図2】①），私たちのアクセスに応じて（【図2】②），自動的に配信されるからです（【図2】③）。

　言い換えれば，アップロードをして配信状態にすれば，サーバーにアクセスする人が見ることができる状態にできるということです。このように，文字，画像，動画等をサーバーにアップロードしたり，アップロードされた文字，画像，動画等を配信したりすることを「自動公衆送信」といいます。

　そして，自動公衆送信を独占的に利用できる権利を「自動公衆送信権」というのです（著23条1項・2条1項9号の4および5）。

　ですから，他人の文字，画像，動画等を無断でサーバーにアップロードして，配信することは，この他人の自動公衆送信権を侵害してしまうのです。

〔福市航介〕

Q14　著作隣接権

著作隣接権というものがあると聞きますがそれは何ですか。

A 実演家・レコード製作者・放送事業者に与えられた権利です。

解説

英語では「neighboring right」と呼ばれています。

著作物を創作する者ではありませんが，著作物の社会への伝達において重要な役割を果たしており，また，著作物に準じた準創作的な活動を行っているという観点から法的に保護されたものです。

わかりやすい例でいうと，歌手・レコード会社・テレビ局，ということになります。

CD製作の場合が理解しやすいのですが，

① 楽曲・歌詞を創作した著作者

に加えて，

② 曲を歌う歌手

③ 歌手の歌唱を録音してマスター音源を製作するレコード会社

が揃って初めて我々はCDを楽しむ（音楽著作物を鑑賞する）ことができます。

歌手やレコード会社にも著作権類似の録音録画権（＝複製権），送信可能化権（＝自動公衆送信権）を与えて保護してあげることで，著作物の社会への伝達が進むようにしているのです。

〔雪丸真吾〕

第4節

保護期間

Q15 保護期間

著作権はいつまででも存在するのですか。

A 著作者の死後あるいは公表後70年で消滅します。

解説..

1 保護期間の起算事由の原則と例外

(1) 原則（著51条）

創作された瞬間に保護が始まり，著作者の死後70年まで存続します。

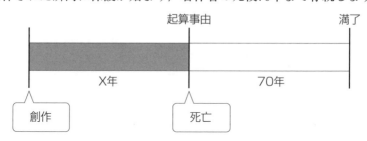

(2) 例外—映画の著作物（著54条），死亡時不明の無名・変名の著作物
（著52条），団体名義著作物（著53条）

しかし，死亡時を基準にできない場合もあります。著作者が会社等の団
体である場合（著53条）と，著作者が何者かわからない場合です（著52
条）。

この場合は，死亡に代えて「公表」時から70年を起算します。映画の場
合も同様です（著54条）。

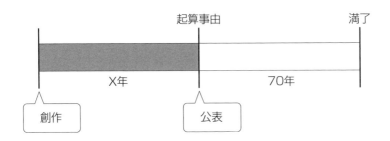

2　計算方法（著57条）

　70年といいましたが，具体的にいつから起算するかも著作権法で定められています。起算事由（死亡・公表）の発生した年の翌年1月1日から70年存続し，71年目から保護期間切れ（「パブリックドメイン」，「PD」，「公有」などと呼ばれます）となります。

　したがって，著作権が消滅するのは常に12月31日です。

3　一度消滅した著作権は復活するか？

　平成30（2018）年12月30日に保護期間が50年から70年に延長されました。

　その前に50年が経過して保護期間が切れ消滅した著作権は復活するのでしょうか。答えはNOです。一度消滅した著作権は復活しません。

　したがって，昭和43（1968）年以降に亡くなった方のみ著作物の保護期間が延長されることとなります。具体的には，昭和43（1968）年に亡くなった方の著作物の保護期間は平成30（2018）年12月31日まででしたが，平成30（2018）年12月30日付けで著作者の死後50年から70年に延長されることになり，さらに20年長く著作物が保護されることとなります。

〔雪丸真吾〕

Q16 保護期間の経過

保護期間が切れた著作物は自由に使えますか。

 使えます。ただし，一定の場合には著作者人格権を侵害しない態様とすることが必要です。

解説⋯⋯⋯⋯⋯⋯⋯⋯⋯⋯⋯⋯⋯⋯⋯⋯⋯⋯⋯⋯⋯⋯⋯⋯⋯⋯⋯⋯⋯⋯⋯⋯

　保護期間が切れたということは著作権自体消滅していますので，誰からも何も言われません。自由に使えます。

　なお，著作者人格権は，著作者の死亡とともに消滅しますが，その場合でも，著作者が生きていたとすれば著作者人格権侵害となってしまうような行為については，遺族（詳しくはQ17・18参照）による請求を受ける場合がありえますので，注意してください。

〔雪丸真吾〕

Q17 著作者死亡の場合の取扱い

著作者が亡くなった後は著作物に変更を加えたりしてもよいですか。

 原則はよくありませんが，著作者の意思を害しない程度のものであれば認められることもあります。

解説⋯⋯⋯⋯⋯⋯⋯⋯⋯⋯⋯⋯⋯⋯⋯⋯⋯⋯⋯⋯⋯⋯⋯⋯⋯⋯⋯⋯⋯⋯⋯⋯

　著作者には著作者人格権がありましたね。他人に譲渡したり子孫に相続されたりすることもないまま，著作者だけが持ち死亡とともに消滅する権

利でした。そうすると，著作者人格権は著作者の人格と切り離せないものである以上，著作者が亡くなれば著作者人格権もなくなりますから，著作物に変更を加えても，同一性保持権を侵害することはありません。

　しかし，著作者が亡くなった後なら，著作物に変更を加えてもよいとしてしまうとどうでしょうか。著作者は安心して創作できませんし，著作物の文化的な価値も損なわれることもあり得ますね。

　そのため，著作権法は，著作者が亡くなったからといって，ほったらかしにはしませんでした。著作者が亡くなった後も，著作物を公衆に提供したり，提示したりする人は，著作者の生前であれば著作者人格権を侵害するような行為をしてはならないとしたのです（著60条本文）。

　ただ，著作者が亡くなった後は時代の変化もありますから，著作物に何も変更できないとすると硬直的です。そこで，著作物の変更が著作者の意思を害しないという程度であれば変更も認められています（著60条ただし書）。

〔福市航介〕

Q18　請求権者と請求期間

　Q17のような行為をしてはならないと請求できる人は，亡くなった人の相続人ですか。請求はいつまでもできるのでしょうか。

A　似ていますが，相続人とは違います。遺言で定められていない限り，配偶者，子，父母，孫，祖父母，兄弟姉妹の順で請求できます。また，請求できるのは著作者の死後70年です。それまでに遺族が存在しなくなれば，それ以上請求されません。

解説⋯⋯⋯

　著作者人格権は，子孫に相続されたりすることもないまま，著作者の死亡とともに消滅する権利でした。そうすると，そもそも相続というものは出てきません。著作権法は，著作物を公衆に提供したり，提示したりする人に対して，著作者の生前であれば著作者人格権を侵害するような行為を，著作者の死後も止めるよう請求できる人を特別に定めました。

　具体的には，配偶者，子，父母，孫，祖父母，兄弟姉妹です（著116条1項）。しかも，この順番で請求できることになっています（著116条2項本文）。遺言で請求できる人が定められていれば，その順序です（著116条2項ただし書）。

　また，この請求はいつまでもできるというわけではなく，著作者が亡くなってから70年経過後は請求できませんし，それまでに遺族がいなくなっていれば請求できる人がいませんから，誰も請求できないということになります。

〔福市航介〕

コラム②

保護期間が50年から70年に

　アメリカが離脱する前のTPP協定を受け，著作権保護期間を50年から70年に延長する著作権法改正は，すでに平成28（2016）年の国会で可決され成立していましたが，その施行日は，上記のTPP協定の発効日とされていたため，施行されないままの状態が続いていました。

　その後，この状況に対応するべく，アメリカを除く11カ国で環太平洋連携協定（TPP11協定。正式名称は「環太平洋パートナーシップに関する包括的及び先進的な協定」です）の合意がなされました。平成30（2018）年3月に日本がこれに署名したことを受け，同月に同協定のための関連法案が国会に提出され，これが衆参両院で可決され，同年6月29日に成立しました。

　この可決成立を受け，さらにTPP11が発効し（日本，カナダ，メキシコ，チリ，ペルー，ベトナム，マレーシア，シンガポール，ブルネイ，オーストラリア，ニュージーランドの11カ国のうち6カ国以上が国内手続を終えれば60日後に発効），とうとう平成30（2018）年12月30日に保護期間が50年から70年に延長されました。

　ただし，延長前に保護期間が切れてしまった著作物の著作権は復活しませんので，具体的には昭和43（1968）年以降に亡くなった方のみ著作物の保護期間が延長されることとなります。

　例えば，藤田嗣治さんの著作物は，藤田さんが昭和43（1968）年に亡くなられましたから，昭和44（1969）年1月1日から起算して，これまでは50年後の，平成30（2018）年12月31日まで保護されるとされていましたが，70年後の，2038年12月31日まで保護されることとなります。

〔雪丸真吾〕

第2章

著作権法の基礎知識(2)
〜著作物を自由に利用できる場合〜

　第1章では，著作者が著作物に対して持つ権利，特に著作権について見てきました。それでは，著作権者が持つ著作物について許諾を得ずに利用するとすべて違法となってしまうのでしょうか。答えは，NOです。著作物が保護されるのは，究極的には文化の発展に寄与するからであって，著作物が利用され，人の感性に触れなければ，その目的を達成することができないでしょう。著作権者の保護も大切ですが，著作物の利用者の保護も大切です。

　そこで，著作権法は，著作権者の保護と著作物の利用者の保護のバランスをとるべく，著作権者の許諾がなくても著作物を利用できる場合を規定しています。第2章では，そのうちウェブサイトの管理・運営やSNSの利用上問題となりそうなものを取り上げ，概観します。

自由利用

Q19 制限規定とは

ブログに著作物を載せる際は著作権者の許可が常に必要ですか。

> **A** 常に必要ということはありません。

解説

　まず，パブリックドメイン（Q15を参照）になっている場合は不要です。

　また，著作権法30条以下の規定によって著作物を自由に利用できる場合もあります。

　著作権法は文化の発展に寄与することを目指す法律ですが，そのためには著作権者の権利保護と同時に，「公正な利用に留意」することも大事だと考えています（著1条）。誰も利用しない著作物など何の意味もありません。一定の場合には著作権者の権利を制限して，許可なく著作物を利用できる場合が法律上用意されているのです。これが「制限規定」です。

　著作権法は，30条以下に多数の制限規定が用意されていますが，ブログにおける著作物の利用で主張できそうなものを列挙すると，次のとおりです。

① 30条　　　私的使用のための複製

② 30条の2　付随対象著作物の利用（いわゆる「写り込み」）

③ 32条　　　引用

④ 39条　　　時事問題に関する論説の転載等

⑤ 40条　　　政治上の演説等の利用

⑥ 41条　　　時事の事件の報道のための利用

⑦ 46条　　　公開の美術の著作物等の利用

⑧ 47条の2　美術の著作物等の譲渡等の申出に伴う複製等

⑨ 47条の5　電子計算機による情報処理およびその結果の提供に付随
　する軽微利用等

　なお，見落とされやすいので注意しておきますが，制限規定は財産権に
対してしか適用されず，著作者人格権に対しては適用できない（著50条）
ことになっていますので，ご注意ください。

〔雪丸真吾〕

第2節

引　　用

Q20　引用とは

制限規定の王様と呼ばれる「引用」とは何ですか。

A 著作権法32条1項に規定された，最も主張しやすい制限規定です。

解説

1　引用とは

著作権法32条1項には以下のとおり規定されています。

【引用】

> 第32条　公表された著作物は，引用して利用することができる。この場合において，その引用は，公正な慣行に合致するものであり，かつ，報道，批評，研究その他の引用の目的上正当な範囲内で行なわれるものでなければならない。

まず対象となる著作物ですが，「公表された著作物」であれば限定がありません。制限規定の中には例えば美術の著作物限定というものもあるのですが，引用には限定がないのです。

また，「利用することができる」とあるとおり，利用方法にも限定がありません。例えば，自炊代行事件で大いに議論された私的複製（著30条）では「複製することができる」となっていますので，複製しか許されません。

　しかし，引用の場合は限定がなく，複製に加えて公衆送信その他の利用も可能です（ただし翻案については消極的な意見が多いです）。

　このように引用は非常に使い勝手が良いので，「制限規定の王様」と呼ばれています。

2　引用の要件

　現在，どういう場合に引用に該当するかを巡っては判例が固まっておらず学説も一致を見ておりません。

　かつては，以下の5つの要件が必要と考えられていました。②③が特に重要なので「2要件説」と呼ばれる考え方です。

---

　①　公表された著作物であること
　②　明瞭区別性
　③　主従関係（附従性）
　④　出所明示（著48条1項1号）
　⑤　引用する側も著作物であること

　しかしながら，新たに美術鑑定書事件（知財高裁平成22年10月13日判決）「引用としての利用に当たるか否かの判断においては，他人の著作物を利用する側の利用の目的のほか，その方法や態様，利用される著作物の種類や性質，当該著作物の著作権者に及ぼす影響の有無・程度などが総合考慮されなければならない。」という基準が示されました。検討がしやすいので，個人的にはこれに沿って判断がされる判例が増えていくのが望ましいと考えております。

　ただ，この基準もいろいろな要素を総合考慮する考え方なので，結局具体的な事例を見ないと何とも判断がしにくいと思われます。

　最近の引用成立を肯定した裁判例を1つ紹介しておきます。KuToo事

件（東京地裁令和3年5月26日判決）です。対象になった書籍の該当ペー
ジについては，最高裁のサイトで閲覧可能ですが，以下に掲示します。

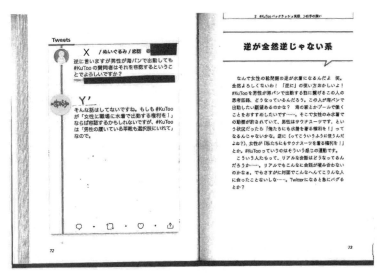

ウェブサイト名：裁判例検索
URL：https://www.courts.go.jp/app/files/hanrei_jp/478/090478_hanrei.
pdf
運営者名：最高裁判所

　左上の原告のツイートの複製掲載について，被告の著書および出版社が，
その下のツイートおよび右ページの記述により論評していることで引用が
成立したかが争われた事件です。裁判所は，様々な事情を精緻に検討した
上で，引用成立を認めました。

〔雪丸真吾〕

コラム③

適法利用と許諾

　他人の著作物を適法な形で引用しようと思った場合，適法とはいっても，他人の作ったものを利用するのですから，念のため，著作権者に許諾を得たほうがよいように思う人が多いでしょう。

　実はその必要はありません。

　著作権法32条1項は，「公表された著作物は，引用して利用することができる。」と規定しています。

　これは，適法な引用である限りは許諾を得ることなく著作物を利用しても著作権侵害にはならないという意味ですので，著作権者から許諾を得る必要はありません。

〔廣瀬貴士〕

Q21　出所明示とは

出所明示とは何ですか。

 著作権者の許諾なく著作物を利用できる場合であっても，その利用した著作物の出所を明示しなければならない，という著作権法48条で定められた義務のことです。

解説

1　出所明示とは

　著作権法48条1項は，他人の著作物を無許諾で利用する場合に，その著作物の出所を「その複製又は利用の態様に応じ合理的と認められる方法及び程度により，明示しなければならない。」と定めています。これに違反した場合には，刑事罰（罰金）も定められており（著122条），また不法行

為として損害賠償義務を負います。

　著作権者の立場に立てば，無許諾利用された場合に出所が示されていないと，そこで利用されている著作物が何であるのかが直ちにはわからず，また無許諾での利用が許される場合なのかどうかチェックする機会も失われてしまいます。そのため，実効的に著作権の保護を図るために定められた義務と理解されています。

2　出所明示が必要な場面

　著作権制限規定のうち出所明示が必要とされる場合として，次の①〜③が規定されています。

> ①　引用（著32条），教科用図書への掲載（著33条1項），教科用図書代替教材への掲載（著33条の2第1項），教科用拡大図書（障害を持つ児童・生徒が使用するために必要な方式で複製された教科用図書）作成のための複製（著33条の3第1項），点字による複製（著37条1項），裁判手続等における複製（著42条），または美術の著作物等の展示に伴う複製（著47条1項）により著作物を複製する場合
> ②　学校教育番組の放送等（著34条1項），視覚障害者等のための文字の音声化その他の方式による利用（著37条3項），聴覚障害者等のための音声の文字化その他の方式による利用（著37条の2），時事問題の論説の転載等（著39条1項），公開の政治上の演説等の利用（著40条1項・2項），または美術の著作物等の譲渡等の申出に伴う複製等（著47条の2）により著作物を利用する場合
> ③　引用（著32条）により複製以外の方法で著作物を利用する場合，学校その他の教育機関における複製等（著35条1項），試験問題としての複製等（著36条1項），営利を目的としない上演等（著38条1項），時事の事件報道のための利用（著41条），公開の美術の著作物等の利用

> （著46条），または電子計算機による情報処理およびその結果の提供に付随する軽微利用（著47条の5第1項）により著作物を利用する場合であって，その出所を明示する慣行があるとき

　また，次の④あるいは⑤に該当する場合には，二次的著作物の利用として，原著作物の出所明示が必要とされています。

> ④　政治上の演説等（著40条1項），公開の美術の著作物等の利用（著46条），または電子計算機による情報処理およびその結果の提供に付随する軽微利用（著47条の5第1項）により創作された二次的著作物をこれらの規定により利用する場合の原著作物
> ⑤　翻訳，翻案等による各利用（著47条の6第1項各号）をする場合の原著作物

　これらに該当するかどうかの判断は，難しい場合もあります。具体的に出所明示が必要かどうか判断に迷う場合には，専門家に相談されるとよいでしょう。

〔亀井弘泰〕

Q22　出所明示の具体例

出所明示は，何を，どのように，記載する必要がありますか。

A　原則として，著作者名と著作物の題号を，複製・利用した著作物にできる限り近接した場所に明記することが必要です。

解説

1　出所明示の方法

　著作権法48条1項は，出所明示の方法について，「その複製又は利用の態様に応じ合理的と認められる方法及び程度により」と定めており，同条2項は，原則として「著作者名を表示しなければならない」と定めていますが，具体的な方法や程度は解釈に委ねられています。

　なお，著作権制限規定に基づいて著作物を翻訳，編曲等して利用する場合には，その原著作物について出所を明示する必要があります（同条3項）。

2　出所明示する内容

　何を表示すべきかについて，上記法律上定められている著作者名のほか，複製・利用されている著作物を特定する必要がありますので，その題号（表題および副題）を示すことはまず必要と考えられます。

　これらのほか，第○巻第○号といった巻数号数，改版されている場合には第○版か，公表された年，雑誌や論文集などの場合は掲載雑誌名や論文集名，さらに引用個所のページ数なども出所を明らかにするという観点からは，表示すべき要素といえます。

【例】

> 山田太郎「○○の研究」＊＊論集第1巻第2号（1960年）3頁～4頁
> 山田花子『○○法〔第3版〕』（○○出版，2010年）5頁～6頁

　また，何が合理的と認められる表示かは著作物の種類によっても異なります。言語の著作物の場合，文字で表現されたものであれば上記の要素を文字で記載すべきですが，講演など口述されたものであれば，講演場所や講演日時を示すことが考えられます。写真や絵画を引用した場合には，写

真や絵画のサイズ，種類，画材など写真や絵画を特定できる事項に加え，一部の引用であれば一部であることを，色彩のあるものを白黒で引用した場合には原典がカラーであることも示すべきと考えられます。

3　出所明示する場所

　出所を明示する場所については，複製・利用する著作物を特定する表示ですから，できる限りその著作物を複製・利用した部分と近接した場所に明示する必要があります。

　例えば，引用（著32条）の場合，引用する側の著作物と引用された著作物とを明確に区別する必要がありますので，原則として著作物を引用した直後に示すべきとされています。直後に入れると文章としてのつながりがわからなくなるなど，やむを得ない場合には，引用した部分を含む節や章の最後に示すことも考えられますが，いずれにしても可能な限り近接した場所に明示しなければなりません。

　また，書籍の末尾などにまとめて記載されるいわゆる参考文献の表示は，出所明示にはあたりません。引用されたことが明らかにされておらず，また引用された部分も特定できないからです。

4　ウェブ上の写真やウェブサイト画面を引用する際の出所明示

　ウェブ上の写真やサイト画面などを引用する際の出所明示は，引用したい写真やサイト画面の直近に，ウェブサイト名，当該サイトのURLおよび運営者名を記載することが考えられます。

　具体的には以下のようなイメージです。このとき，明瞭区分などの引用の他の要件を満たすよう注意してください。

〔引用する側の本文〕

　虎ノ門総合法律事務所のHP中の「Useful→visual」の頁では，取り扱い事件や所属弁護士の紹介に留まらず，視て楽しむサイトをモットーに，所員が体験した食や美術，旅行などの文化的な事柄についてもご紹介しています。ぜひ一度ご覧ください。

　〔引用される側のウェブサイト画面とそのウェブサイト名，URL，運営者名の表示例〕

ウェブサイト名：Translan
URL：http://www.translan.com/useful.html
運営者名：虎ノ門総合法律事務所

〔亀井弘泰〕

コラム④

©表示とは？

　ウェブサイトの最下部には，時折，©表示がされています。これは一体何でしょうか。

　これまで触れてきたように，日本の著作権法では，著作物が創作されると同時に著作権が発生します。日本の特許法では，発明が創作されても特許庁に出願して特許査定をもらわないと（特許として認めてもらえないと）特許権が得られないのとは対照的です。日本の著作権法のように，著作権発生のために特別な手続が不要であるという立場を「無方式主義」といいます（著17条2項）。

　著作物はいまや世界で利用されますが，日本で著作権が発生している著作物であっても，他の国で当然に著作権が発生するというわけではありません。著作権は，世界各国が全く同じ内容の法律を持っているわけではなく，それぞれの国における著作権法に従って発生するからです。ただ，日本のように無方式主義を採用している国々は，ベルヌ条約という条約を締結し，加盟国同士は自国と同じように保護することにしていました。

　もっとも，無方式主義を採用しない国もありました。例えば，昔，アメリカで著作権の保護を受けるためには，©表示，最初の発行年，著作者名から構成される「著作権表示」と呼ばれる記載をしなければなりませんでした。また，他の国では，納入をしたり，登録をしたりすることを要求するものもありました。このような国々のように，著作権による保護を受けるためには一定の方式を要求する国々の立場を「方式主義」といいます。

　そうすると，日本で著作権は保護されても，方式主義の国では，そこで要求される方式を採らないと，同じ著作物であっても，アメリカなどの国では著作権の保護はありませんでした。こういった状態は，無方式主義の国の著作者にとって，とても面倒でした。そこで，無方式主義の国々と方式主義の国々とが新たに万国著作権条約という条約を締結して，このような状態の解消を図ったのです。

　具体的には，万国著作権条約では，3つの要素，具体的には，©の記号，著作権者の氏名，最初の発行年をそれぞれ近い場所に表示し（例えば，©2018 ABC株式会社），著作物の見やすい場所にわかりやすく表示している場合（©表

示をしている場合）には，方式主義の国でも，無方式主義の国の著作物は保護されることになっています。ちなみに，時々©記号を使わない表示をするという誤りがあるので（例えば，COPYRIHGT 2018 ABC株式会社），注意が必要です。

　ただ，ここからわかるとおり，日本の著作物を日本の著作権で保護しようとする限り，©表示は不要ということになります。もともと日本は無方式主義だからです。ですから，ウェブサイトの最下部に，時折，©表示がされているのは，日本に限っていう場合，いわば「著作権で保護されていますよ」といった事実上の警告をしているということになると思います。

　ちなみに，アメリカやその他の国も，現在では，無方式主義に転換しており，©表示がなくとも，どの国でも著作権は保護されるようになっています。「だったら，アメリカでも，©表示なんかいらないのでは？」という声が聞こえてきそうです。しかし，アメリカでは，©表示がない場合，パブリックドメインだと過失なく信じた人は著作権侵害にならないとされている反面，©表示があれば，原則としてパブリックドメインと思ったとの主張は封じられます。そのため，アメリカにおいて©表示をすることについて，今なお意味があるのです。

〔福市航介〕

第3節

その他

Q23　ダウンロードによる利用―私的使用目的の複製

　インターネット上にあった画像や動画をダウンロードして，自分で見るためにパソコンに保存したいと思います。これは大丈夫でしょうか。

A　一定の要件を満たせば，原則として許されます。ただし，その場合であっても，違法にアップロードされたものであることを知りながら動画をダウンロードする場合には違法となります。また，令和2年改正により，動画よりも厳しい条件下ですが，違法にアップロードされた画像のダウンロードは違法とされました。

解説

1　私的使用目的による複製とは

　著作物の著作権者は，著作物を複製する権利（複製権）を独占的に持っています（著21条。Q12参照）。例えば，インターネット上にある画像や動画をパソコンに保存することは複製です。そのため，著作権者の許諾なく著作物を複製することは，原則として違法となります。

　しかし，著作物を個人的に利用するためだけに複製する場合（例えば，ある論文を調査研究する場合など）であってもすべて複製権侵害となるのは行き過ぎです。そこで，著作権法は，「個人的に又は家庭内その他これに準ずる限られた範囲内で使用すること（略）を目的とする」場合には，一定の例外を除き，著作権者から許諾を得なくても「その使用する者が複

製することができる」（著30条1項本文）として，例外的に違法ではないこととしました。

2　私的使用目的による複製といえるための要件

　ここでは，大きく3つの要件があります。1つは，「個人的に又は家庭内その他これに準ずる限られた範囲内」であること，もう1つは，「使用することを目的とする」場合であること，最後に，「使用する者が複製することができる」という要件です。

　まず，「個人的に又は家庭内その他これに準ずる限られた範囲内」についてです。「個人的に又は家庭内」というのはそのままの意味ですから簡単ですね。では，「これに準ずる限られた範囲内」とは何でしょうか。これは，そのグループに個人的なつながりがあり，限られた人数の場合であると考えられています。具体的には，社内の同好会やサークルのように10人程度が一つの活動をしている場合をいうとされています。この程度であれば，著作権者に与える不利益も少ないし，他に複製物が拡散するおそれは少ないとの判断であると思います。

　次に，「使用することを目的とする」場合です。これは，「使用すること」が要件ではなく，「使用することを目的」とすることが要件です。そのため，複製の時点で上記のような意味での目的があればよく，実際に使用することまでは要求されていません。しかし，目的外で利用すれば，その段階で違法となることには留意が必要です（著49条1項1号）。なお，「使用」とは，複製物を使うという意味であり，利用一般を指すのではありません。

　最後に，「使用する者が複製することができる」という要件ですが，これは，外部の者を介入させるような複製は認めないという趣旨です。ですから，コピー業者やいわゆる自炊代行業者に委託して複製をすれば，もは

や使用する者が複製していることにはなりません。

3　私的使用目的による複製の例外

⑴　動画ダウンロードの違法化

　ところで，画像や動画のダウンロードは，当該画像などを自分のPCに複製するものです。この画像や動画の著作権者は，これらを複製する権利（複製権）を独占的に持っているものですから，著作権者の許諾なく著作物を複製することは，原則として違法となりますが，先ほどの私的使用目的の複製であれば，当然に適法になりそうです。

　しかし，インターネット上ではたくさんの画像や動画があふれていますが，すべて私的使用目的であるとの理由でダウンロードを適法とすると，権利者のコンテンツビジネスに大きな影響を与えます。そこで，平成21年の著作権法改正で，違法にアップロードされたものであることを知りながら，デジタル方式の録音または録画をダウンロードすると私的使用目的であっても違法となりました（著30条１項３号）。

⑵　画像ダウンロードの違法化

　「録画」とは，「影像を連続して物に固定し，又はその固定物を増製すること」をいいますから，動画は含まれますが，画像は含まれません。そのため，マンガを中心とした違法コンテンツがインターネットにあふれていても，権利者は何もできない状態でした。これを背景として，令和２年著作権法改正では，一定の場合には画像のダウンロードも違法にすることとしました。もっとも，単なるスクリーンショット等も違法にすると，日常生活に支障をきたします。そこで，上記改正では，動画よりも厳しい要件のもとで違法化がなされました。具体的には，著作権法30条１項４号・２項にあるのですが，複雑な規定となっています。要するに，著作権侵害であることを知りながら原作品またはその翻訳をダウンロードすることを違

法化したのです。そのため，重大な過失があっても著作権侵害であること
を知らない場合には違法になりませんし，パロディなどの二次的著作物が
違法にアップロードされていたとしても，そのダウンロードも違法化され
ません。また，権利者を不当に害さないといった特別の事情（例えば，長
編マンガの1コマだけのダウンロード等といった事情）がある場合には違
法にされません。

4　本件について

　本件では，画像と動画を自分で見るためにパソコンに保存するのですか
ら，私的使用目的による複製であることを理由に原則として適法となりま
す。ただし，動画については，違法にアップロードされたことを知りなが
ら，ダウンロードすることは違法となります。なお，画像であっても，違
法にアップロードされたものであれば，先ほど述べたような条件を満たす
と違法となります。

〔福市航介〕

Q24　転載とは

　「引用」とは別に「転載」という制限規定があると聞きました。ど
のような場合に，「転載」として，著作権者の許諾なしに著作物を利
用できるのですか。「引用」と「転載」とは，どのように異なります
か。

> **A** 著作権法32条2項または同法39条1項に定める要件を満たす場合に，著作権者の許諾なしに利用することが可能です。
> 　「転載」は，対象となる著作物が限定されている点，利用形態が明確に限定される点，「転載禁止」の表示ができる点で，「引用」と異なります。

解説··

1　対象となる著作物

「転載」が認められる著作物は，以下の2つに限定されています（「引用」の場合は，「公表された著作物」であれば足ります）。

① 公的機関が作成した広報資料等（著32条2項）

　内閣府発行の経済白書，法務省発行の犯罪白書など

② 時事問題に関する論説（著39条1項）

　新聞の社説など（ただし，インターネット上に掲載されているものや放送されたものなどは含まれないことに注意）

2　目的・方法

「転載」が認められるための目的・方法は，以下のように限定されています（「引用」の場合，目的は「報道，批評，研究その他の」とされ，方法には，条文上明確な限定がありません。詳細はQ20参照）。

①の場合

　目的：説明資料として用いるため

　方法：刊行物への掲載

②の場合

　目的：限定なし

　方法：新聞・雑誌への掲載

　なお，ここで注意すべきなのは，「転載」は公衆送信を対象としないため，ウェブサイト上への掲載は「転載」にあたらないという点です（これに反対する説についてはQ128を参照）。したがって，①の場合，ウェブサイトへの掲載は認められません。他方，②の場合には，条文に「放送」「有線放送」「自動公衆送信」といった記載があるため，これらの方法によることも許されます。

3　「転載禁止」の表示

　「転載」は，対象となる著作物の性質上，当該著作物により表明された意見を多くの読者へ伝えたいという著作権者の意識が推測されるため，許諾なしでの利用が認められるものです。

　したがって，「転載禁止」という表示があり，上記のような意識が推測されない場合には，許諾なしでの利用は認められないこととなります（著32条2項ただし書・39条1項ただし書）。

　なお，「引用」が認められる場合には，「転載禁止」の表示があっても，著作権者の許諾なしに当該著作物を利用することが可能です。

〔宮澤真志〕

Q25　写り込み

　流行りのモーニングルーティンをSNSでライブ配信したところ，たまたまベッド座らせていたぬいぐるみ（有名なかえるキャラクター）が小さく写ったようで，著作権侵害にならないのかと，配信中にフォロワーさんからコメントをもらいました。この場合，このキャラクターの著作権を侵害したことになるのでしょうか。狭い部屋なので撮影角度を変えることができず，ライブ配信をすると，どうしてもそのぬいぐるみが写ってしまうのですが，ライブ配信を続けてもよいでしょうか。

A　ぬいぐるみの写り込みが軽微な場合（配信画面全体の10～20%程度以下）であれば，ライブ配信が著作権を侵害することにはなりません。少なくとも今回と同じ部屋の配置で行う限り，ライブ配信を続けて問題ありません。

解説

1　写り込み

　日常生活では，写真や動画の撮影や録音などの際，背景にある著作物（ポスター，デザイン，キャラクター）が写り込んでしまうことがよくあります。また，昨今ではSNS上の多様なコンテンツを利用した生配信も浸透しており，本件のようなライブ配信中の写り込みケースも考えられます。これらの場合，写真，動画，配信などにより著作物を複製・伝達していることになりますから，著作権者の許諾なく複製・伝達することは，著作権侵害になるとも思えます。しかし，このような場合まで著作権侵害としてしまうことは，スマホやタブレット端末，動画投稿や配信プラットフォームが世代を超えて急速に普及した今，利用者の行動を委縮させ，著作物の

円滑な利用が妨げられることになります。そこで，令和2年改正著作権法は，規定の対象行為を伝達行為全般に拡大したうえで，写り込んだ著作物の利用の程度が軽微であり，著作権者に不利益を与えないような場合であれば，例外的に著作権侵害にならないとしました。

2　写り込みの要件（全体）

　具体的には，概ね次の要件のもとで，著作権者の許可を得なくとも写真撮影等による複製伝達行為ができることとしています（著30条の2）。

① 写真の撮影，録音，録画，その他スクリーンショットや生配信等も含む複製・伝達行為全般によること（複製伝達行為）

② 写り込む著作物が①の著作物に付随する事物または音であること

③ 写り込む著作物の利用が，様々な考慮要素に照らし，正当な範囲内であること

④ 著作権者の利益を不当に害さない限度であること

3　「複製伝達行為」

　①の要件は，社会実態の大幅な変化（上記1参照）を受けて，改正法で写り込みの対象範囲を拡大し，写真の撮影，録音，録画にとどまらず，複製を伴わない伝達行為全般も広く含めたものです。また，令和2年改正著作権法の前では，あくまで著作物の創作が行われる場面に限定していましたが，改正法によってこの限定もなくなりました。これによって，創作とはいえないスクリーンショット時の写り込みも含まれることになります。

4　「著作物に付随する事物または音」

　「付随」性に関して，条文では①の要件にいう著作物において軽微な構成部分に限るとされています（著30条の2第1項）。「軽微な構成部分」か

否かがここでは重要ですが，この点，改正によって「当該著作物の占める割合」などと，考慮要素が条文上明確化されました。もっとも，改正によっても，著作物の種類に照らし個別的な判断がされるべき点は同様で，10〜20％を一応の目安としつつ，動画については画面の大きさや時間なども考慮して判断していくことになります。

5　「正当な範囲内」

　令和2年の著作権法改正以前は，メインの被写体から分離困難なものであることが要件の1つでした。今回の改正によって，分離困難性は，あくまで「正当な範囲内」かを判断するうえでの考慮要素の1つに位置付けられました。このため，その他の考慮要素（経済的利益を得る目的の有無などがあります）も併せて判断した結果，分離困難でないものも対象となりえます。

　もっとも，分離可能性も（成立要件ではなくなったものの）考慮要素の1つであることに変わりありません。よって，物理的な取り外し困難性だけではなく社会通念上困難な場合（例えば，キャラクターTシャツを着た子どもを撮影する際，Tシャツを脱がすことの困難性）も含む点は，令和2年の著作権法改正以前と同様です。また，意図的に小道具として準備して撮影するなどの，いわゆる「写し込み」は，分離困難な場合に該当するか否かで見解が分かれている点も，従来と同様です。

6　「著作権者の利益を不当に害する」

　④の要件は，著作権者の著作物の利用市場と衝突するか，あるいは将来における著作物の潜在的販路を阻害するかどうかという観点で検討されます。「不当に害する」かの判断基準としては，「種類」「用途」「態様」の3つの要素を総合的に勘案します。典型的には，「街中を撮影中に，演奏家

による演奏が高音質で長時間にわたって録音される場合」が挙げられています。

7　写り込みで録画または録音された著作物の利用

　また，先ほどの要件を満たして適法に作成された写真などの著作物は，たとえ写り込んだ著作物が含まれていたとしても，それをウェブサイトにアップロードしたり，配信プラットフォームを用いてライブ配信することができます（自動公衆送信）。ちなみに，この場合，写真などがデジタルベースで作成された結果，写り込んだ著作物を除外することが技術的に可能であるとしても，そのまま利用することが可能です。

8　本件の場合

　ライブ配信中にたまたま写り込んだぬいぐるみは，ライブ画面全体の10～20％以下であり，配信者が意図的に写し込んだのでない限り，生配信による伝達行為は適法となります。また，いったん適法となれば，その動画のアーカイブを残して，ウェブサイト上で別途利用することも可能です。

〔三宅恵美子〕

Q26　思想または感情の享受を目的としない利用等

　画像解析やAIなどの技術開発やそれによる情報解析などに際して，素材として著作物を使うことは適法ですか。また，コンピュータ内でのキャッシュの蓄積や検索エンジンの検索結果の表示は，適法ですか。

A　一定の条件下で，著作物の適法な利用となります。

解説··

1　概要

　著作権法上，複製や翻案といった利用方法は，鑑賞のためか否かにかかわらず著作権を侵害する行為とされるのが原則です。

　しかし，技術開発や情報解析等を目的として著作物を複製等することは技術の発展に必要と考えられることから，次のような利用を認める著作権法上の規定があります。

2　適法な利用方法

(1)　著作物に表現された思想または感情の享受を目的としない利用（著30条の4）

　著作物は鑑賞されること，つまり，そこに表現された思想または感情が受け手に享受されることでその効用を発揮するものであり，著作物の利用者はそのような効用の享受について対価を支払っていると考えられます。したがって，そのような思想または感情の享受を目的としない利用については，広く認めても権利者の利益を害しないといえます。

　そこで，具体的に，下記のような場合には，著作物を利用することができることとされています。

　①　著作物の録音，録画その他の利用に係る技術の開発又は実用化のための試験の用に供する場合（著30条の4第1号）

　②　情報解析（多数の著作物その他の大量の情報から，当該情報を構成する言語，音，影像その他の要素に係る情報を抽出し，比較，分類その他の解析を行うこと）の用に供する場合（同条2号）

　③　前二号に掲げる場合のほか，著作物の表現についての人の知覚による認識を伴うことなく当該著作物を電子計算機による情報処理の過程における利用その他の利用（プログラムの著作物については，当該著

作物の電子計算機における実行を除く）に供する場合（同条3号）

①は，研究機関や企業において技術開発や製品化のための試験を行う場合，②は，ディープラーニングにおいて著作物を利用する場合，③は，その他，バックエンドで行われる情報処理において利用される場合等が当てはまると考えられます。

なお，この3つの場合はあくまで例示であり，これらと同等といえる利用方法であれば，許容される余地が残されています。

令和元年10月24日付文化庁著作権課「デジタル化・ネットワーク化の進展に対応した柔軟な権利制限規定に関する基本的な考え方」（https://www.bunka.go.jp/seisaku/chosakuken/hokaisei/h30_hokaisei/pdf/r1406693_17.pdf）7〜8頁には，以下の肯定例と否定例が挙げられています。

肯定例

- 人工知能の開発に関し人工知能が学習するためのデータの収集行為，人工知能の開発を行う第三者への学習用データの提供行為
- プログラムの著作物のリバース・エンジニアリング
- 美術品の複製に適したカメラやプリンターを開発するために美術品を試験的に複製する行為や複製に適した和紙を開発するために美術品を試験的に複製する行為
- 日本語の表記の在り方に関する研究の過程においてある単語の送り仮名等の表記の方法の変遷を調査するために，特定の単語の表記の仕方に着目した研究の素材として著作物を複製する行為
- 特定の場所を撮影した写真などの著作物から当該場所の3DCG映像を作成するために著作物を複製する行為
- 書籍や資料などの全文をキーワード検索して，キーワードが用いられている書籍や資料のタイトルや著者名・作成者名などの検索結果を表示するために書籍や資料などを複製する行為

[否定例]

- 家電量販店等においてテレビの画質の差を比較できるよう市販のブルーレイディスクの映像を常時流す行為（上映）
- 漫画の作画技術を身につけさせることを目的として，民間のカルチャー教室等で手本とすべき著名な漫画を複製して受講者に参考とさせるために配布したり，購入した漫画を手本にして受講者が模写したり，模写した作品をスクリーンに映してその出来映えを吟味してみたりするといった行為

(2) 電子計算機における著作物の利用に付随する利用等（著47条の４）および電子計算機による情報処理およびその結果の提供に付随する軽微利用等（著47条の５）

　前項のように著作物を素材とし利用する場合以外にも，コンピュータの利用に伴って必要なデータ等を複製することは，著作権により妨げられません。

　例えば，①コンピュータの利用に際して，ストリーミング等に附随して行われるキャッシュデータの蓄積（著47条の４第１項）や，②保守管理のためのバックアップの作成（著47条の４第２項），③データベース等を用いた検索サービスの提供に伴う著作物の表示（著47条の５第１項。ただし，軽微な利用に限ります）等がこれにあたります。

(3) 注意事項

　上で述べた３つの利用方法すべてについて，①利用が必要な限度内であること，②著作権者の利益を不当に害さないこと，が求められます。②は，主に著作権者の著作物の市場と衝突するかどうかという観点から問題となります。

　また，これらの利用により作成した複製物を，それぞれの目的を離れて使用した場合，その時点で複製をしたものとみなされます（著49条第１項

2号・6号）。

　ガイドラインとして，前述⑴の「デジタル化・ネットワーク化の進展に対応した柔軟な権利制限規定に関する基本的な考え方」が公表されており，実際に行われるサービスの状況や，事例の蓄積の状況等を踏まえつつ定期的に内容を更新していくことが予定されているので，最新の動向について確認するようにしてください。

〔山根俊一郎〕

第**3**章

その他の法律・権利

　第1章と第2章では，著作権法の概観をしましたが，ウェブサイトの管理・運営やSNSの利用をしていると，そこで利用されるコンテンツについて，著作権法だけで解決できるものではないことがわかります。他人の肖像を利用したり，その肖像が芸能人のものであったりすることもあるでしょう。また，他人のプライバシーに触れたり，他人の名誉を傷つけるような表現が問題となったりすることも多いと思います。

　そこで，第3章では，①肖像権，②パブリシティ権，③プライバシー権，④名誉権に分け，それぞれの内容を見るとともに，どのような場合にこれらの権利などが侵害されたといえるのかを見ていきます。これらの知識を得ることで，ウェブサイトの管理・運営やSNSを利用する場合に生じる問題の多くについて自分で考えることができるようになります。

第1節

肖 像 権

Q27　肖像権とは

肖像権とは何ですか。

A 自己の肖像（容貌・姿態等）をみだりに他人に撮影され，これを公表されない権利です。

解説

　人の肖像は個人の人格を象徴するものであり，人にはそれぞれの人格に由来して，自己の肖像を，無断で人に利用されない権利があります。

　肖像権については，これを定める具体的な法律こそありませんが，人格権に由来する権利として，判例上，独立した権利性を認められています（最高裁昭和44年12月24日判決，最高裁平成17年11月10日判決）。「みだりに」という部分は少しわかりづらいですが，要は「勝手に」という意味です。

　なお，肖像権は個人の肖像を人格的な側面から捉えたものですが，例えば，芸能人等の肖像には財産的な価値も生じます。このような財産的な側面から肖像を捉えたものとしては，パブリシティ権があります。

　パブリシティ権とは，人が，顧客吸引力を他人に無断利用されることなく，その人自身が排他的に利用する権利をいいます（詳細はQ35を参照のこと）。肖像権とパブリシティ権に対しては，それぞれ別個の権利侵害がありうるので，注意しましょう。

〔宮澤真志〕

Q28　肖像権侵害に伴う責任

他人の肖像権を侵害した場合，どのような責任が生じますか。

A 損害賠償責任等が生じることがあります。

解説

　他人の肖像権を侵害した場合，侵害した人は，被害者から損害賠償請求を受けたり，差止請求を受けたりすることがあります。

　差止請求の具体的内容としては，「ウェブサイトから削除せよ」という要求になります。

〔宮澤真志〕

Q29　肖像権侵害の要件

肖像権侵害として違法となるための要件はどのようなものですか。

A 肖像の撮影ないし公表により，撮影される人の被る精神的苦痛が，社会通念上受忍すべき限度を超えることをいいます。

解説

1　肖像権侵害の違法性

　難しい説明ですね。まずは肖像権の性質から再確認していきましょう。

　そもそも肖像権は，人格権そのものではなく，これに由来する権利とされ，名誉権などと比較し，その重要性において一段階レベルが低いものとされるにとどまっています（Q27参照）。そのため，他人の肖像を無断で

利用したとしても，直ちに利用行為が違法と判断されるわけではありません。

　肖像権侵害により違法と評価されるのは，<u>被撮影者の被る精神的苦痛が，社会通念上受忍すべき限度を超える場合</u>に限られます。「社会通念上受忍すべき限度」というのは，「普通は我慢すべきと考えられる程度」くらいに考えてください。要するに，「普通は我慢すべきだろう」というラインを超えて初めて，肖像権侵害としての違法性が認められるのです。

　ただ，なかなか判断は難しいですね。参考になるのは，法廷内写真撮影事件（最高裁平成17年11月10日判決）です。この判決では，写真撮影ないし公表が社会通念上の受忍限度を超えるかという点について，以下のような事情を総合して考慮すべきとされました。肖像権侵害の有無を判断する際に参考にするとよいでしょう。

【考慮される事情】

① 撮影される人の社会的地位（公的な地位であれば適法方向）

② 撮影される人の活動内容（公的な活動であれば適法方向）

③ 撮影の場所（公共の場所であれば適法方向，プライベートな場所は違法方向）

④ 撮影の目的（公益を図る目的であれば適法方向）

⑤ 撮影の態様（隠し撮り等の場合は違法方向）

⑥ 撮影の必要性（目的との関係で必要性があれば適法方向）

2　法廷内写真撮影事件

　最後に，具体的なイメージをつけるために，法廷内写真撮影事件の事案の詳細と裁判所の判断内容についても触れておきます。

(1)　概要

　本件の撮影対象者は，平成10年7月に和歌山市内で発生したカレーライ

スへの毒物混入事件等につき，殺人罪等により逮捕，勾留され，起訴された人物でした。

　撮影が行われたのは，平成10年11月25日，和歌山地方裁判所の公開の法廷において，撮影対象者の勾留理由開示手続が行われた場面です。某写真週刊誌のカメラマンは，小型カメラを法廷に隠して持ち込み，本件刑事事件の手続における撮影対象者の動静を報道する目的で，閉廷直後の時間帯に，裁判所の許可を得ることなく，かつ，被撮影者に無断で，裁判所職員および訴訟関係人に気付かれないようにして，傍聴席から撮影対象者の容貌，姿態を写真撮影しました。当該写真は，手錠をされ，腰縄を付けられた状態にある撮影対象者をとらえたものです。

⑵　最高裁の判断

　上記の撮影行為が撮影対象者の肖像権を侵害するかどうかが争われましたが，最高裁は以下のとおり判断して肖像権侵害を認めました。「被上告人」が撮影対象者である人物です。

　「前記のとおり，被上告人は，本件写真の撮影当時，社会の耳目を集めた本件刑事事件の被疑者として拘束中の者であり，本件写真は，本件刑事事件の手続での被上告人の動静を報道する目的で撮影されたものである。しかしながら，本件写真週刊誌のカメラマンは，刑訴規則215条所定の裁判所の許可を受けることなく，小型カメラを法廷に持ち込み，被上告人の動静を隠し撮りしたというのであり，その撮影の態様は相当なものとはいえない。また，被上告人は，手錠をされ，腰縄を付けられた状態の容ぼう等を撮影されたものであり，このような被上告人の様子をあえて撮影することの必要性も認め難い。本件写真が撮影された法廷は傍聴人に公開された場所であったとはいえ，被上告人は，被疑者として出頭し在廷していたのであり，写真撮影が予想される状況の下に任意に公衆の前に姿を現したものではない。以上の事情を総合考慮すると，本件写真の撮影行為は，社

会生活上受忍すべき限度を超えて，被上告人の人格的利益を侵害するものであり，不法行為法上違法であるとの評価を免れない。」

〔宮澤真志〕

Q30　居宅内における姿

　個人の居宅内における姿を隠し撮りする行為は肖像権を侵害しますか。

A 侵害します。

解説

　個人の居宅内はプライベートな空間であり，居宅内における姿は，通常，他人に見られることが予定されていません。したがって，それを撮影・公表することは，普通の人にとってはとても耐え難いものといえるでしょう。そのため，このような行為は，社会通念上の受忍限度を超えて肖像権を侵害することがほとんどです。このことは，被撮影者が政治家やタレントなど有名人の場合も同様です。どれだけ有名な人物であってもプライベートな空間というのは存在するからです。

　なお，隠し撮りのような行為は，プライバシー権侵害としても，違法になると考えられます。プライバシー権とは，私生活をみだりに公開されないという法的保障ないし権利をいい，離婚や家庭のトラブル等の家庭に関する事柄や，性生活や性的嗜好に関する事柄などが保護の対象となります（詳細はQ44・45を参照）。

〔宮澤真志〕

Q31　スナップ写真

公園においてスナップ写真を撮る際に，もし他人が写り込んでいたら，肖像権侵害になりますか。

A 侵害にはなりません。

解説

公園などいろいろな人が出入りする場では，そこにいる姿を不特定多数の人に見られることが想定されています。したがって，そのような姿を撮影されても，普通の人にとって，耐えがたい苦痛が生じるとまではいえません。そのため，ほとんどの場合は，肖像権侵害とならないでしょう（隠し撮りなど悪質な態様のものは当然含まれません）。

ただし，撮影した写真の掲載方法によっては，その写真を公表する行為が肖像権侵害となる場合があります。公園で撮った写真とは異なりますが，例えば，ある上場企業がソープランドを買収したとの事実が報道される際に，その企業の代表者の写真が，ソープランド内の女性の全裸写真と並べて掲載された事件について，肖像権侵害を認めた判例があります（東京地裁平成15年7月15日判決）。この場合は，写真の公表行為が，普通の人にとって耐え難い苦痛を生じさせるものであったということになります。

このように，撮影自体は適法でも，公表が違法となることがあるので気をつけましょう。

〔宮澤真志〕

Q32　写真と位置情報

スマートフォンで撮った写真には，撮影時の日時や位置情報などが含まれています。例えば，他の人が写り込んだ学校の運動会の様子を撮影した写真について，このような日時や位置情報付きの写真をSNSへアップしてもよいのでしょうか。

 A 肖像権ないしプライバシー権侵害として違法になる場合があります。

解説

スマートフォンなどにより外で写真を撮った際，肖像を含む画像の日時，位置情報等から，撮影された人物の所在が明らかとなる場合があります。例えば，その人物の住所，学校等の所在地や長期旅行等によって外出することなどが明らかになる可能性があります。その結果，位置情報等の含まれる写真をウェブ上へ掲載することが肖像権ないしプライバシー権侵害として違法とされることがあるのです。

特に，未成年者が写っている場合には，未成年者の安全確保の要請が強く働くため，違法となる可能性が高くなります。例えば，学校の運動会等の写真を，学校関係者に限定することなくインターネット上に掲載することにより，日時や位置情報から当該未成年がその学校に通っている事実が第三者に明らかになる場合があります。少なくともこのような行為は違法となるということができるでしょう。

写真をアップする際は，基本的に写っている人の許諾を得るか第三者の顔はぼかすほうが無難ということですね。

〔宮澤真志〕

Q33 イラストと肖像権

イラスト画によっても肖像権侵害となりますか。

A 侵害となる場合があります。

解説

　肖像権侵害が問題となるのは，通常，カメラによる撮影行為ですが，イラストのように肖像を描写する行為も，肖像権侵害となる場合があります。実際に，Q29で述べた法廷内写真撮影事件判決では，法廷内における被告人の手錠や腰縄を付けられた姿について，これを描写したイラスト画に肖像権侵害が認められました。

　ただし，イラスト画による肖像権侵害が認められる範囲は，写真撮影の場合よりも狭いものとなります。なぜなら，一般に，イラスト画の制作は，多少なりとも作者により対象がデフォルメされ，そこに作者の主張が入り込んでいることもあるからです。作者の主張には表現の自由が認められ，多くの場合，表現の自由の保護の観点から肖像権が一定の制約を受けて，肖像の描写が社会通念上の受忍限度を超えないものと判断されるのです。

　肖像を滑稽化・諷刺化するいわゆるパロディについても，同様の理由から，受忍限度を超えることが写真撮影の場合よりは少ないものといえます。

〔宮澤真志〕

第2節

パブリシティ権

Q34 アイドル画像

　ブログに有名アイドルの画像をたくさん載せてアクセス数を稼ごうと思います。写真自体は握手会やコンサートで私が撮った物ですが問題になりますか。

A アイドルのパブリシティ権侵害になるおそれがあります。

解説

　一般に，氏名や肖像の無断使用は，アイドルのパブリシティ権侵害となる可能性があります。

〔杉浦尚子〕

Q35 パブリシティ権とは

　パブリシティ権とは何ですか。

A パブリシティ権とは，人の氏名，肖像等が他人の関心を引くなどして，商品の販売等を促進する力（顧客吸引力といわれます）を持つ場合に，その個人が顧客吸引力を排他的に利用する権利です。

解説

　人の肖像等は個人の人格を象徴するものなので，人にはそれぞれの人格

権に由来して自分の氏名や肖像等を，無断で他人に利用されない権利があります。

　有名人などの氏名や肖像等を商品につけたことにより，人々の関心を引くなど商品の販売等を促進する効力，すなわち「顧客吸引力」が発揮される場合には，人格権に由来する氏名や肖像等はそれ自体が「商業的価値」を持つようになります。ピンク・レディーdeダイエット事件では，パブリシティ権は，このような顧客吸引力を他人に無断利用されることなく，その人自身（この事件ですとピンク・レディーの２人ですね）が排他的に利用する権利であるとされています（最高裁平成24年２月２日判決）。

〔杉浦尚子〕

Q36　パブリシティ権の法的根拠

パブリシティ権は法律に定められた権利なのですか。

A 違います。

解説

　パブリシティ権は，法律に定められた権利ではなく判例上認められるようになった権利です（最高裁平成24年２月２日判決）。

　米国では法律があるようですが，日本ではまだ法律はありません。プライバシー権と同じですね。

〔杉浦尚子〕

Q37　肖像権とパブリシティ権

肖像権とパブリシティ権の違いは何ですか。

 A 肖像権侵害とパブリシティ権侵害は，どちらも人の肖像という人格権に由来する権利ですが，以下のような違いがあります。

解説

肖像権は自己の肖像（容貌・姿態等）をみだりに他人に撮影されたり，公表されたりしない人格権です。パブリシティ権も人格権ですが肖像や氏名が商業的価値を持つときに働く権利です。

それぞれ成立の要件が異なるので，1枚の肖像写真の利用によって，肖像権侵害もパブリシティ権侵害も成立する場合も，いずれも成立しない場合も，どちらか一方のみ成立する場合もあります。

例えば，侵害を金銭で回復する際は，肖像権では精神的苦痛を回復するための慰謝料の請求をしますが，パブリシティ権では他人の利用による経済的損害を回復する損害賠償請求を行います。

〔杉浦尚子〕

Q38　パブリシティ権侵害に伴う責任

パブリシティ権を侵害した場合はどのような責任を負うのですか。

A パブリシティ権を侵害した場合は損害賠償責任を負うことや，侵害品の製造や販売等の差止めを求められることが考えられます。

解説

　パブリシティ権侵害は民法の不法行為にあたり，損害賠償責任を負うことが考えられます。

　また，侵害品の製造や販売等の差止めを求められることも考えられます。特に，有名人の肖像をカレンダーやノートなどの商品にそのまま利用する場合には，差止めが認められる可能性はあります。

　参考判例として，アイドルの氏名や肖像写真を利用したカレンダーを無断販売した者に対して，損害賠償だけでなく「差止め」を認めた①おニャン子カレンダー事件判決（東京高裁平成3年9月16日判決，東京地裁平成2年12月21日判決）や，②パブリシティ権の法的性質が人格権に由来すると示したピンク・レディーdeダイエット事件（最高裁平成24年2月2日判決）があります。

　ブログの場合の差止めは，具体的には肖像や氏名の削除ということになります。

〔杉浦尚子〕

Q39　一般人のパブリシティ権／法人のパブリシティ権

　著名人でない一般の人のパブリシティ権侵害が問題になることはありますか。また，会社などの法人のパブリシティ権侵害が問題になる場合はありますか。

A　一般の人に対して問題になることはあります。法人に対しては問題になることはありません。

解説..

　一般の人であってもその人の氏名や肖像が顧客吸引力を持つ場合には，パブリシティ権侵害が生じることもあります。

　他方で，法人に対するパブリシティ権侵害は通常問題となりません。パブリシティ権は，人格権に由来して自然人の氏名や肖像等を無断で他人に利用されない権利ですので，自然人ではない法人に対するパブリシティ権侵害が生じることはありません。

〔杉浦尚子〕

Q40　タレントのパブリシティ権とプロダクション

　有名タレントの写真をブログに掲載していたら，タレント本人ではなくそのタレントが所属する芸能プロダクションが，パブリシティ権の侵害だという抗議をしてきました。タレントの肖像はその人自身のものだと思うのですが，プロダクションがタレントに代わって抗議をすることはできるのでしょうか。

A　プロダクションがタレントに代わって抗議をすることもあります。

解説..

　Q39の回答のように，法人自体にパブリシティ権が生じることはありません。また，パブリシティ権は譲渡できないと考えられていますので，タレントのパブリシティ権をプロダクションが権利を譲り受けたうえでパブリシティ権の主体となることはできません。

　ただ，芸能プロダクションが所属タレントとの間で肖像等の独占的利用

許諾契約を結んでいることは珍しくなく，プロダクション自体の損害が明らかな場合など一定の場合にプロダクションが主体となって，パブリシティ権の侵害者への責任追及をすることも考えられます。

〔杉浦尚子〕

Q41　物のパブリシティ権

人ではない，有名な「物」の名称にパブリシティ権は認められますか。

A 現時点では認められません。

解説

実在の競走馬の名前や性別，産種やレースの際に示す特性等をゲームソフトに使用するゲームの違法性が争われた事例（ギャロップレーサー事件）で，最高裁は，馬名等のパブリシティ権の成立を否定しました（最高裁平成16年2月13日判決）。

〔杉浦尚子〕

Q42　パブリシティ権侵害の要件

パブリシティ権侵害はどのような場合に成立しますか。

A 「専ら肖像等の有する顧客吸引力の利用を目的とするといえる場合」に成立します。

解説

「専ら〜」という要件にあたる具体的な類型として，下記①〜③の類型が，ピンク・レディーdeダイエット事件の最高裁判例（最高裁平成24年2月2日判決）によって示されています。

> ①　肖像等それ自体を独立して鑑賞の対象となる商品等として使用し
> ②　商品等の差別化を図る目的で肖像等を商品に付し
> ③　肖像等を商品等の広告として使用するなど

そして，この判決を下した裁判官のうちの1人は「補足意見」として上記の①②の具体例を次のように示しました※。

> ①の例：ブロマイド，グラビア写真のように，肖像等それ自体を独立して鑑賞の対象となる商品等として使用する場合，
> ②の例：いわゆるキャラクター商品のように，商品等の差別化を図る目的で肖像等を商品等に付する場合

※　「補足意見」は判決そのものではありませんが判決を理解するのに役立ちますので，パブリシティ権侵害が成立するかの解釈に役立ちます。

なお，「ピンク・レディーdeダイエット事件」で争われたのは，女性週刊誌200頁のうちの3頁に，ピンク・レディーの2人の白黒写真合計14枚が下記のように使用された例でした。記事はピンク・レディーの振り付けを利用しながらダイエット法を解説するもので，部分的に筆者にとっての小学校時代のピンク・レディーの思い出の記載もありました。最高裁判決は，上記の①〜③の基準に照らしこの記事は「専ら肖像の有する顧客吸引力の利用を目的とするものとはいえない」として，パブリシティ権侵害を否定しました。

参考

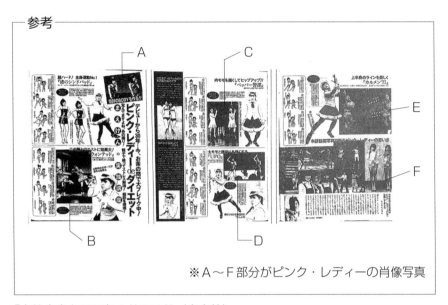

A

C

E

B

D

F

※Ａ〜Ｆ部分がピンク・レディーの肖像写真

「女性自身」2007年2月27日号（光文社）

〔杉浦尚子〕

第3節

プライバシー権

Q43　プライバシー権とは

プライバシー権とは何ですか。

> **A** プライバシー権の定義については議論がありますが，裁判例では，「私生活をみだりに公開されないという法的保障ないし権利」とするものが多いと思われます。

解説

　プライバシー権は，昭和39年9月28日に出された「宴のあと事件」判決で初めて認められたといわれています。

　これに対し，現在，このプライバシー権については，自分の情報をコントロールする権利と捉える見解が学説では有力ですが，裁判例では，「私生活をみだりに公開されないという法的保障ないし権利」とする見解が多いとされています。

　なお，この定義では，「公開」されることに力点があり，公開以外の行為が含まれていないかのようですが，裁判例では，上記の一環として，個人に関する情報をみだりに収集されない利益，収集された情報をみだりに保管されない利益，収集された情報をみだりに使用されない利益に関しても判断されていることに注意が必要です。

〔福市航介〕

Q44　プライバシーとは

プライバシーとは何を指すのですか。

A 典型的なものとしては，以下のようなものを指します。

解説

- 家庭生活（離婚や家庭内トラブル）に関する事柄
- 経済状況（収入や家計）に関わる事柄
- 思想信条，信仰に関する事柄
- 犯罪歴（前科・前歴）に関する事柄
- 健康，病気等に関する事柄
- 性生活や性的嗜好に関する事柄
- 氏名，住所等に関する事柄

〔福市航介〕

Q45　プライバシー該当基準

プライバシー情報かどうかをどうやって判断するのですか。

A 抽象的には，①私生活上の事実または私生活上の事実らしく受け取られるおそれがあり（私事性），②一般人の感受性を基準にして当該私人の立場に立った場合公開を欲しないであろうと認められ（秘匿性），③一般の人に未だ知られていない（非公知性）情報をいいます。

解説......

　難しいですね。①は，その人に関する個人的な事実と言い換えることができます。公務員の公務に関する事実などの公的な事実は含みません。また，重要なことは，私生活上の事実らしく受け取られるおそれがある事実，つまり，真実と異なっていてもプライバシー情報に該当する可能性があるということです。

　②は，普通の人が事実を公表等された人の立場に置かれたときに，他の人に知られたくないような情報と言い換えることができます。ですから，例えば，「甲さんはベジタリアンである」という情報のように，通常知られてもかまわない事実は，この要件を満たしません（なお，甲さんが特別な事情でベジタリアンであることを隠しているというような場合は別です）。

　③は，一定の範囲の人に知られていても，その範囲を超えるような人が知らない情報であれば，この要件を満たすことには注意が必要です。また，一定の時期には一般に知られていたとしても，時間が経過することによって人の記憶から消えたときも，この要件を満たすことにも注意が必要です。

〔福市航介〕

Q46　プライバシー権侵害に伴う責任

　他人のプライバシー権を侵害した場合，どのような責任が生じますか。

A　損害賠償責任等が生じることがあります。

解説⋯⋯⋯⋯⋯⋯⋯⋯⋯⋯⋯⋯⋯⋯⋯⋯⋯⋯⋯⋯⋯⋯⋯⋯⋯⋯⋯⋯⋯⋯⋯⋯⋯⋯⋯⋯⋯⋯⋯

　プライバシー権を侵害した場合，損害賠償責任を負ったり，投稿の削除をする責任が生じます。

〔福市航介〕

Q47　プライバシー権侵害に基づく請求の要件

　プライバシー権侵害に基づいて削除請求，損害賠償請求するための要件は何ですか。

A　削除請求する場合には，①プライバシー情報であること，②プライバシー情報の公開等があることの要件が必要となり，損害賠償請求する場合には，①②に加え，③公開等をする行為に故意または過失があること，④公開等により損害が発生したことが必要です。

解説⋯⋯⋯⋯⋯⋯⋯⋯⋯⋯⋯⋯⋯⋯⋯⋯⋯⋯⋯⋯⋯⋯⋯⋯⋯⋯⋯⋯⋯⋯⋯⋯⋯⋯⋯⋯⋯⋯⋯

　削除請求ですが，①と②を満たせば認められます。①については，Q45を参照してください。ここが最も重要です。②は，公開のほかにも，収集をしたりすることが含まれることに注意が必要です。

　次に，損害賠償請求の場合には，①と②のほか，③と④が必要となります。インターネットでの紛争の場合，③は，故意の事例が多いでしょうから，それほど問題とならないでしょう。④は，損害賠償請求をするのですから，プライバシー権侵害によって損害が発生したこととその額が要件となります。なお，損害は実務的には主として慰謝料が認められています。

〔福市航介〕

Q48 免責要件

プライバシー権侵害の要件を満たすと，常に違法になってしまうの
ですか。

A そのようなことはありません。表現の自由との関係で適法となる
場合があります。

解説

　Q47のプライバシー権侵害の要件を満たせば，原則として違法です。
　しかし，例えば，犯罪報道等では，プライバシー情報を公表したりする
ことが許されています。これは，プライバシーの保護は重要であるものの，
表現の自由も同様に重要だからです。そのため，プライバシーの保護と表
現の自由を調整する必要があります。
　最高裁判所も，プライバシーの侵害については，その事実を公表されな
い法的利益とこれを公表する理由とを比較衡量し，前者が後者に優越する
場合に違法としています（最高裁平成15年3月14日判決）。

〔福市航介〕

コラム⑤

ウェブサイト運営と個人情報の取扱い

個人情報に該当する場面

　会員サイトを運営する場合，会員登録時に氏名，住所，メールアドレス等を取
得し，登録した情報をすべてデータベース上で一元管理することがよくあります。
こういった場合には，情報の取得・利用・管理など，各場面で個人情報の保護に
関する法律（以下「個人情報保護法」といいます）上の義務を果たす必要がある

ことに注意してください。

　法人が個人に関する情報を取り扱う場合は，それが「個人情報」「個人データ」「保有個人データ」などにあたれば，個人情報保護法上の各種義務を負うこととなります。先ほどの例のように，取得した情報をデータベースで一元管理していると，その情報が個人情報にあたる場合には，同時に個人データ・保有個人データにあたり，個人情報保護法上の各種義務を負います。

　他方，個人がこれらの情報を扱う場合には，それが「事業」として行われていない限り，個人情報保護法上の義務を負うことにはなりません。ただし，ここでいう「事業」とは，「一定の目的をもって反復継続して遂行される同種の行為であって，かつ社会通念上事業と認められるもの」をいい，営利・非営利の別は問いません。非営利の場合でも「事業」にあたることがあるので注意しましょう。

個人情報とは

　個人情報とは，生存する個人に関する情報のうち，①特定の個人を識別することができるもの，または②個人識別情報（旅券番号や運転免許証番号等）が含まれるものをいいます。①特定の個人を識別することができるものとは，例えば，氏名のように当該情報そのものから特定の個人が識別できるものだけでなく，他の情報と紐付けられていることで特定の個人を識別できる情報も含まれます。

　氏名，住所，メールアドレスのうち，氏名はそれ単体で個人情報となりますが，住所とメールアドレスも氏名とセットで一元管理されているということですから，これらも個人情報にあたるとされています。したがって，本件の情報は，「個人情報」「個人データ」「保有個人データ」という３つの側面から，当該情報の取得・利用・管理・提供・開示請求等の各段階において，個人情報保護法上の義務を果たす必要があります。

　また，令和２年の個人情報保護法改正により，生存する個人に関する情報のうち，個人情報やそれを加工して得られる仮名加工情報・匿名加工情報にあたらないものは，「個人関連情報」として新たに規制の対象とされ，一定の場合に個人情報保護法上の義務を課されることになりました。

　義務の詳細については，個人情報保護委員会が発表している各種ガイドライン

およびQ＆Aを参照してください。具体的には，個人情報保護委員会のウェブサイト（https://www.ppc.go.jp/index.html）で閲覧することができます。

　なお，個人情報保護上の義務に違反した場合，勧告などの行政上の責任だけでなく罰金・懲役などの刑事上の責任を負うことがあります。ご注意ください。

個人情報保護法による規定

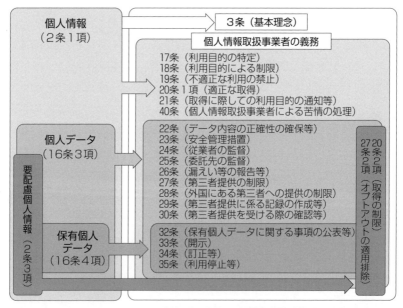

（注）他に個人関連情報の第三者提供の制限等（31条）

岡村久道『個人情報保護法の知識〔第5版〕』（日本経済新聞出版社，2021年）69頁

〔宮澤真志〕

第4節

名誉毀損

Q49 名誉毀損とは

名誉毀損とは何ですか。

A 他人の社会的評価を低下させることをいいます。

解説

名誉権は，人格権として認められている権利であり，ここでいう「名誉」とは，人の社会的評価を指します。判例上は，「人格的価値について社会から受ける客観的評価」とされます（最高裁昭和61年6月11日判決〔北方ジャーナル事件〕）。この名誉権を侵害する行為を名誉毀損といいます。

〔宮澤真志〕

Q50 名誉毀損に伴う責任

名誉毀損により違法と判断された場合，どのような責任を負うのですか。

A 民事上の損害賠償責任や刑事上の責任などを負う場合があります。

解説……………………………………………………………………………

　名誉権侵害として違法と評価されるときは，肖像権の場合（Q28参照）と同様に，民事上の損害賠償責任を負い，差止めの対象となります（名誉毀損の場合，民法723条に基づき，名誉回復のための処分を求めることができるという点で違いはあります）。

　名誉毀損が肖像権と大きく異なる点は，刑事処罰の対象となりうる点です。名誉毀損罪を定める刑法230条1項は，「3年以下の懲役若しくは禁錮又は50万円以下の罰金に処する」と規定しています。このように，名誉毀損に対しては，罰金や懲役といった刑罰規定が存在します。

〔宮澤真志〕

Q51　名誉毀損の要件

　名誉毀損となるための要件はどのようなものでしょうか。

A 以下の3つです。

解説……………………………………………………………………………

　① 　対象者の特定性　⇒Q52参照
　② 　事実（評価）摘示の公然性　⇒Q53参照
　③ 　対象者の社会的評価の低下　⇒Q54参照

〔宮澤真志〕

Q52　特定性とは

　対象者の特定性とは何ですか。

A　「事実や評価摘示の対象者が特定されている」ということです。

解説

　事実の指摘ないし評価の対象となっている人は，個人・法人のいずれで
あってもかまいませんが，その指摘が誰を対象としているかは特定されて
いる必要があります。単に漠然と集団を対象として名誉毀損的な表現をし
ても，必ずしも特定の人の社会的評価を低下させることにはならないため
です。

　例えば，「○○出身の人は，性格がきつい」という発言は，誰のことを
指しているのか特定されていないため，名誉毀損とは評価されません。

〔宮澤真志〕

Q53　公然性とは

　事実や評価摘示の公然性とは何ですか。

A　「不特定または多数人の認識しうる状況」をいいます。

解説

　仮に，社会的評価を下げうる事実の指摘をしたとしても，それが公に
なっていない限りは，実際にその人の社会的評価を下げることにはなりま
せん。

　例えば，本人だけに向かって「君はテストの成績がクラスで最低だ！」
という事実の指摘をしたとしても，本人以外周りに誰もいなければ，他の
人はその事実を知ることができないのであり，指摘された人に対する周囲
の評価が下がることはありえません（ただし，周囲に伝わって広がってし

まう可能性はあります。その場合の公然性判断については，Q140で後述します）。

　もっとも，本人に向かって堂々と人が傷つくようなことを言っているのですから，名誉感情の侵害などにより，別途，不法行為上違法と判断される場合はありえます。

〔宮澤真志〕

Q54　社会的評価の低下

社会的評価が下がるかどうかはどのように判断しているのですか。

A　「一般読者の普通の注意と読み方」により判断します。

解説

　この説明はややわかりにくいですね。簡単にいうと，「普通の読者の受け取り方」ということです。対象となる記事の記載が社会的評価を下げるかどうかを判断するにあたっては，①その記載がどのような事実を意味するかという「事実」の問題と，②その事実が社会的評価を低下させるものかどうかという「評価」の問題の2つがあり，それぞれの段階で「普通の読者の受け取り方」が基準となります。このように，この基準には，2つの意味がありますから，それぞれ説明しますね。

　まず，①記載された事実の意味内容を解釈するための基準について説明します。問題となる記載がどのような意味内容であるのかという点については，その前後の文脈や，それがどのような状況で読まれるのかといった点が考慮されます。例えば，「ブラック」という単語は，文字通りの内容とみれば，「黒色」ということになりますが，これが「会社の労務環境が

悪い」という記載とともに記載されている場合には，いわゆる「ブラック企業」，すなわち「適法な労務管理が行われていない会社」を意味することになるでしょう。

次に，②指摘された事実や評価が，人の社会的評価を低下させるものといえるかどうか判断するための基準について説明します。

人に対する評価は，多分に評価をする人の価値観が入り込んでしまいます。特異な価値観を有する人を基準とした場合，常識的には名誉毀損とすべき表現であるにもかかわらず，そのような判断がなされないことがありえます。

例えば，「彼はテストの成績がクラスで最低だ」という事実の指摘は，普通の人からすれば，その人の社会的評価を下げる事実と評価されますが，クラスで一番成績が悪いことを誇りに思っている人にとっては，もしかすると褒め言葉になるかもしれません。ですが，このような特殊な価値観を基準とするのはおかしいですから，そのような結論とならないよう，普通の人の受け取り方を基準とされているのです。

〔宮澤真志〕

Q55 免責要件

他人の社会的評価を下げれば常に違法となりますか。例外的に適法となる場合はないのでしょうか。

A 表現行為が事実を指摘した場合と評価をした場合とで内容は異なりますが，どちらも，一定の要件を満たせば違法性や責任が阻却され，例外的に適法となる場合があります。

解説

表現行為が「事実」を指摘したものであった場合，以下の要件を満たせば適法となります（最高裁昭和41年6月23日判決）。

---
① 問題とされる表現行為が「公共の利害に関する事実」についてのものであること（公共性）

② その表現行為の目的が「専ら公益を図る目的」であること（公益性）

③ 摘示事実の重要部分が真実であると証明され（真実性），ないしはそれが真実であると信ずるについて相当の理由があること（真実相当性）

表現行為が「評価」による場合，以下の要件を満たせば適法となります（最高裁平成9年9月9日判決）。

---
① 論評が公共の利害に関する事実にかかること（公共性）

② 論評の目的が専ら公益を図るものであること（公益性）

③ 評価の前提となる事実が重要な部分において真実であるとの証明がある（真実性），ないしはそれを真実と信ずるについて相当の理由があること（真実相当性）

④ 人身攻撃に及ぶなど意見ないし論評としての域を逸脱したものでないこと

上記のように表現行為が「事実」であるか「評価」であるかによって適法となる要件が異なるのは，表現の自由への過度な制約を避けるためです。

表現行為が「評価」に関するものである場合，その「評価」の正当性や，内容の合理性は一切判断されず，あくまで「行き過ぎた表現となっていないか」が重要なポイントとなります。

〔宮澤真志〕

Q56　公共の利害に関する事実

「公共の利害に関する事実」とは何ですか。

 A 「国民が正当な関心を有する事実」といわれることもありますが，正式な定義はありません。

解説··

　残念ながら，この要件をきちんと定義した裁判例はありません。そのため，事案ごとの個別的な判断が必要となります。よく問題となるケースは，個人のプライバシーに関する事実を摘示した場合です。

　裁判例では，有名な宗教団体の会長の女性問題について，その人物の行う社会的活動の性質やこれを通じて社会に及ぼす影響力の程度などによっては，その社会的活動に対する批判ないし評価の一資料として，公共性が認められる場合があると判示したものがあります（最高裁昭和56年4月16日判決）。ここでは，対象とされた人がどのような立場にある人か，という点が重要視されています。

　ただし，有名な人に関することであれば直ちに公共性があるということにはなりません。例えば，先ほどの例と同じく，宗教団体の代表者の女性関係について問題となった裁判例でも，記事の中心的内容が私的な男女関係に関するものであること，対象者が宗教団体の代表者であるという以上には特別な社会的影響力を有しなかったこと，相手の女性も一般人であったことなどから，結論として公共性を否定したものもあります（東京地裁平成20年4月14日判決）。

　「公共の利害に関する事実」にあたるかどうかは，指摘された事実の内容，対象とされた人の社会的地位等を総合的に考慮して，事案ごとに個別

の判断が必要になるのです。

〔宮澤真志〕

Q57 専ら公益を図る目的

「専ら公益を図る目的」というのは，どのような場合に認められるのですか。

A 文字通り解すれば，「私益が混入していない場合」をいうこととなりますが，判例上は，事実の公共性が認められれば，多くの場合，公益性も認められるような関係にあります。

解説

事実の公共性が認められる場合であっても，表現行為の目的が，自分の私益のみを目的とする場合には，その行為を適法とすることは相当ではありません。公益性の要件は，このような理由から，表現行為に主観的要件を課したものです。

ただ，判例上は，事実の公共性が認められる場合には，「特段の事情がない限り，その目的は専ら公益を図るものであると認めることができる」（京都地裁平成14年6月25日判決），ないし「特段の事情がない限り，公益目的の存在が推認される」（名古屋高裁平成16年5月12日判決）とされています。そのため，多くの場合は，私益が混入していたとしても，なお公益性があるものとして，公益性の要件が肯定されることとなるのです。

いろいろ難しいことを言いましたが，公共性が認められる場合は，公益性が否定されることはほとんどないと考えていただいて結構です。

公益性が否定される例としては，単なる嫌がらせや営利目的，自身の権

利行使のためにする場合や，誹謗中傷が度を越している場合などが挙げられます。東京地裁平成27年7月13日判決では，いわゆるアフィリエイトサイトにおける他社製品の比較（批判）記事について，「アフィリエイト報酬を得ることを主たる目的とするもの」として公益性が否定されました。

〔宮澤真志〕

Q58　真実相当性

「真実と信ずるについて相当の理由があること」というのは，どのような場合に認められるのでしょうか。

A 確実な資料，根拠がある場合に認められます。

解説

一般に，真実と信ずるについて相当の理由があるというためには，確実な資料，根拠が必要であるとされています（最高裁昭和41年6月23日判決，最高裁昭和44年6月25日判決）。

これは，従来，報道機関による表現に対して用いられていた基準ですが，近年，インターネット上の個人による表現に対しても，同じ基準が用いられることが明らかとなりました（最高裁平成22年3月15日決定）。

この事案では，フランチャイズによるラーメン店の加盟店募集および経営指導等を主な業務とする会社に関して，同社が「カルト集団である」旨の虚偽の内容の記載をウェブサイトにアップした被告人に対し，その表現行為には真実相当性がないとして，名誉毀損罪の成立が認められました。

同判例では，真実相当性を否定する理由として，以下のような点を挙げました。

> - 被告人が根拠とした，商業登記簿謄本，市販の雑誌記事，インターネット上の書き込み，加盟店の店長であった者から受信したメール等の資料の中には一方的立場から作成されたに過ぎないものもあること
> - フランチャイズシステムについて記載された資料に対する被告人の理解が不正確であったこと
> - 被告人が同社の関係者に事実関係を確認することも一切なかったこと

　同判例からすると，表現の元となる根拠資料が，裁判所による判決や，捜査機関により公式発表された情報などの公的なものでない場合には，それが客観的・中立的であるか，対象者への取材をきちんと行ったものであるか，自ら事実確認をする必要はなかったかなど，事案ごとの具体的事情をもとに，「確実な資料，根拠」が存在するかを慎重に判断する必要があるといえるでしょう。

〔宮澤真志〕

Q59　意見ないし論評の域の逸脱

　「評価」に関する表現が「意見ないし論評としての域を逸脱」していると判断されるのは例えばどのような場合があるのでしょうか。

 A 前提とする事実と評価との間に全く関係性がない場合や，度を越した表現が執拗に用いられている場合等が典型例として挙げられます。

解説

　判例上は，「人格攻撃に及ぶなど」とされていますが，一般的に，個人

に対する批判も自由な言論として認められていますから，この文言により，どのような場合が「論評の域を逸脱」していると評価されるのかは，必ずしも明らかとはなりません。

　参考となる基準としては，表現方法が執拗か，その内容がいたずらに極端な揶揄，愚弄，嘲笑，蔑視的な表現にわたっているかといった行為者側の事情のほか，対象者の性格や立場など対象者側の事情も考慮して，総合的に判断されるべきものとした裁判例があります（東京地裁平成8年2月28日判決）。

　実際にも，「バカ」「キチガイ」「狂人」などの表現を執拗に繰り返し，「脳味噌にウジがわいたアホ」という表現を用いるなどしたことが，論評の域を脱したものと判断された例もあります（東京地裁平成20年9月5日判決）。

　その他，対象者が政治家等の有名な地位にあるか（批判が許されるべき立場にあります），対象者による挑発的言動がなかったかなどの事情も考慮されることとなります。

〔宮澤真志〕

第4章

コンテンツごとの検討

　第3章までは，ウェブサイト上で問題となりやすい法律や権利について学んできました。もっとも，実際にウェブサイトを管理・運営する現場では，動画・写真などのコンテンツごとに，そもそも，どの法律のどんな権利の侵害が有りうるのか，という段階から悩むことがほとんどであると思われます。

　そこで，第4章では，ウェブサイトを管理・運営するうえで権利侵害の有無が問題となりやすいコンテンツをいくつかピックアップし，それらのコンテンツごとに，典型的な法律・権利につき権利侵害の有無を判断していきます。第3章までに学んだ法的知識を活かして，皆さんも一緒に考えていきましょう。

動画（音楽含む）

1 著作権の問題

(1) 映画・テレビ番組

Q60 映画の著作物

　購入したブルーレイディスクの映画を批評したいと考えています。サイト上にその映画を無許諾で載せることは，たとえワンシーンだけでも，映画の著作権を侵害してしまいますか。

A　映画の著作権（著23条1項。自動公衆送信権）と著作者人格権（著20条1項。同一性保持権）の侵害となってしまいます。ただし，引用（著32条）の要件を満たせば侵害とはなりません。

解説..

　映画の著作権者は，問題となっている映画（その一部を含みます）をサーバーにアップロードするかどうか，そこからインターネットを通じて配信するかどうかを決定する権利を持っています（著23条1項。自動公衆送信権）。そのため，映画の著作権者の許諾なくアップロードしたり，インターネットを通じて配信したりすることは自動公衆送信権侵害となります。

　また，映画の著作者は，著作者人格権として，無断で映画の一部を切り取られる等をされない権利を持っています（著20条。同一性保持権）。そのため，今回のように，無断で映画の一部を切り取ることは，映画の著作

者が持つ同一性保持権を侵害するものとなります。

　ただし，引用（著32条１項）の要件を満たせば，自動公衆送信権侵害とはなりません。今回は，批評のためということですから，自分の批評が主であり，批評される映画の一部が従たるものであって，これらが区別され，引用することが批評のために必要であり，かつ，批評をするために必要最小限の部分をアップロードして配信することができます。引用の具体的な判断基準については，Q20を参考にしてください。

　なお，適法な引用が認められる場合には，同一件保持権については，やむを得ない改変（著20条２項４号）として，同一性保持権も侵害しないと考えるべきでしょう。

〔福市航介〕

Q61　パロディと著作権

　昔あった映画の一部分を切り取って，自分でアテレコを入れたパロディ動画を作って，自分のウェブサイトやYouTubeにアップロードしたいのですが，映画の著作権侵害となってしまうのでしょうか。

 　映画の著作権（自動公衆送信権）と著作者人格権（同一性保持権）の侵害となってしまう可能性が高いでしょう。

解説

　Q60でも述べましたが，映画の著作権者は，自動公衆送信権を持っており，そのため，今回のように，映画の著作権者に無断で映画の一部を切り取ってアップロードして配信することは，自動公衆送信権侵害となります。

　また，映画の著作者人格権者が同一性保持権を持っていることも，

Q60でも述べたとおりです。そのため，映画の著作者に無断で映画の一部を切り取ることは，著作権侵害と同時に，同一性保持権を侵害するものとなります。

　今回のようなパロディの場合には，Q60のように，引用にはあたらない可能性が高いといえます。映画の重要部分であるセリフがすべて変わってしまっており，「公正な慣行に合致する」とまではいいにくいからです。このため，著作物によっては，法的措置まで受けかねません。もちろん，著作権者等が事実上法的措置をとらない場合も多いでしょうが，適法になるわけではないので注意が必要だと思います。

　なお，映画の著作権の保護期間が終了し，かつ，著作者人格権までの行使もないほど時間が経過している場合は別です。

〔福市航介〕

Q62　芸能人の動画

　YouTubeでは芸能人の動画がアップロードされていますが，この芸能人の動画を自社のウェブサイトにアップロードしてよいでしょうか。芸能事務所が公式にアップロードしているものかどうかで違いはありますか。

 A アップロードできません。芸能事務所が公式にアップロードしているかで違いはありません。

解説..
　芸能人の動画がYouTubeにアップロードされているといっても，あなたがアップロードをする権利を持っているわけではありません。この動画

をサーバーにアップロードするかどうか，そこからインターネットを通じて配信するかを決定する権利は，この動画の著作権者が持っています（著23条1項）。ですから，この著作権者からの許諾を得ない限り，アップロードはできません。これは，芸能事務所が公式にアップロードしているかどうかで違いはありません。

　芸能人の動画の著作権者は，通常，この芸能人が所属している芸能事務所であることが多いと思われますが，誰が著作権を持っているかを確認するため，芸能事務所に問い合わせて，許諾を得る必要があります。ただし，問題となっている芸能人の動画を批評するような場合には，許諾を得なくても引用として適法となる余地があります（著32条1項）。引用の要件については，Q20を参照してください。

　なお，芸能人にはパブリシティ権があると考えられますから，アップロードの態様が「専ら肖像等の有する顧客吸引力の利用を目的とするといえる場合」である場合には，パブリシティ権侵害となる可能性もありますので，注意が必要です（最高裁平成24年2月2日判決）。パブリシティ権の詳細は，Q35を参照してください。

〔福市航介〕

Q63　動画の構成

　最近人気のテレビのバラエティ番組があるので，自分の動画チャンネルでも，同じ構成で番組をしたいと考えています。この場合に，許諾が必要でしょうか。

A　「構成」の内容によります。

解説

　構成が何を指すのかわかりませんが，企画意図やコンセプトをまねる程度であれば著作権法上は問題ありません。著作権法は，具体的な表現を保護し，アイデアは保護しません。企画意図やコンセプトは，アイデアにすぎず，著作権法で保護されないといえるからです。

　しかし，具体的な番組セットや出演者の番組進行等までまねると問題があります。番組セットは，すでに具体的な表現物として完成していますし，具体的な番組進行（Aさんが○○と話すと，Bさんが「△△」というキーワードを言う等）も，具体的な表現物として完成しているので，これらは，著作権法上，保護される表現となりうるからです。

　また，著作権法上は問題とならなくとも，企画やコンセプトがあまりに酷似していた場合には，不法行為責任を問われる場合があります。企画やコンセプトを生み出すには相応の時間や労力がかかっていることが通常であり，これ自体が売買の対象となっている現状を考えると，これにただ乗りすることは不当であるといえるからです。

〔福市航介〕

Q64　ゲームプレイ動画

　ゲームをプレイする動画を勝手にサイト上に載せてもいいのでしょうか。

A　載せることは控えることがよいでしょう。

解説

　ゲームのプレイ動画は，映画の効果に類似する視覚的または視聴覚的効

果を生じさせる方法で表現され，かつ物に固定されている著作物として映画の著作物となります（著2条3項。最高裁平成14年4月25日判決〔中古ゲームソフト事件〕）。そのため，ゲームの著作権者（通常はゲームソフト会社となることが多いと思います）は，ゲームの動画をサイトにアップロードするか否かについて決定できる権利（著23条1項。自動公衆送信権）を持っています。ですから，著作権者に無断でテレビゲームの動画をアップロードをした場合には，自動公衆送信権侵害となります。なお，引用（著32条。Q20参照）の要件を満たせば，自動公衆送信権侵害となりませんが，認められるのは例外的であることが多いように思います。

　もっとも，自動公衆送信権侵害となっている場合でも，ゲームの著作権者が権利行使をしないこともあるようです。これは，動画がゲームの広告にもなる等の事実上の影響も考慮しているからだと考えられます（行使していないだけで，認めているわけではないことは注意が必要です）。

　ところで，特定のゲームソフト会社では，動画配信の条件を各コンテンツのウェブサイトや各ゲームソフト会社のサイトなどで公開しているところがあるようです（例えば，株式会社カプコンの「カプコン動画ガイドライン（個人向け）」などがあります）。これがある場合には，この利用条件に従うことで適法にゲームの動画配信をすることができます。

　いずれにしても，安易にゲームをプレイする動画をサイト上に載せることは控えるべきです（特に発売間もないゲームでネタバレのおそれがあれば，なおさらでしょう）。まずは，動画配信先のプラットフォームに配信することができる条件を満たしているか（配信できるコンテンツか否か，配信できるプラットフォームか否か，所定の手続をしているかなど）等を各ゲームソフト会社や各コンテンツのウェブサイト等で確認する必要があります。

〔福市航介〕

(2)　音　　楽

Q65　歌詞と著作物

　ブログで大好きな曲の歌詞を掲載したいと思っています。曲を流す
わけではないのですが，勝手に掲載してもよいでしょうか。

A 無断で掲載した場合は著作権侵害になります。

解説

　曲とは別に歌詞にも著作権が存在しますので，無断でブログに歌詞を掲
載することは著作権の侵害となります。

　厳密なことを言いますと，ブログに掲載した歌詞が「引用」にとどまる
なら著作権侵害にならないと著作権法に定められています。

　ただし，この「引用」にあたるかどうかという判断は非常に複雑で，実
際にどのように歌詞を掲載するか個別に見る必要があります。

　今回のように好きなアーティストの歌詞を掲載したというだけでは「引
用」にはあたらない可能性が高いです。

　ところで，JASRACなどの著作権管理事業者と利用許諾契約を締結して
いるブログサービスを利用している場合には，当該事業者の管理楽曲につ
いては包括的に利用が認められていますので「無断掲載」になりません。

　なお，JASRACのウェブサイトで利用許諾契約を締結しているブログ
サービスを公開していますので確認をお勧めいたします（同サイトの「ブ
ログへの歌詞掲載について」http://www.jasrac.or.jp/info/network/ugc.
htmlを参照）。

〔廣瀬貴士〕

Q66　楽曲利用における許諾の相手方

電車の発車メロディをウェブサイト上で使いたいと思います。この場合，誰に許可を取ればよいでしょうか。

A　作曲家と音源の製作会社の許諾が必要です。

解説

特定の音源を使用するためには，音源について権利を有している人から使用許諾を得る必要があります。

具体的には，音楽を作成した作曲家が著作権を，その音楽を実際に演奏した演奏者と音源として製作した会社が著作隣接権を持っていますので，それぞれの許諾を受ける必要があり，このことは電車の発車メロディであっても変わりません。

なお，著作権については，使用を予定されているメロディがJASRACやNexTone等の管理楽曲であれば，これらの著作権管理事業者から許諾を受けることになります。

他方，著作隣接権については，権利者が誰かを見つけることが難しい場合があります。例えば，東横線の駅の発車メロディをホームで録音して使用する場合，運営会社である東急電鉄から許諾を受けたとしても，同社が実際には音源の権利者でない場合には権利処理としては不十分ですのでご注意ください。

〔廣瀬貴士〕

Q67 BGMと写り込み

先日，ラーメン店で自身が大食いする光景のライブ配信映像を撮って，それをSNS上で公開したところ，店舗内で流れるBGMが意図せず紛れ込んでしまいました。この場合は，BGMの著作権侵害となるのでしょうか。

A 通常は著作権侵害になりません。

解説

昨今は，SNSの急速な普及により，一般人でも写真や動画を気軽に配信できるようになりました。また，配信形態およびプラットフォームも多様化し，写真や（編集済みの）動画のみならず，ライブ配信，音声のみの配信なども浸透しています。そのような写真や動画等を見聞きしてみると，背景にポスターやキャラクター，そして今回のように楽曲が混入していること（「写り込み」といいます。Q25参照）が多々あります。

他人の作品を利用している，という観点からすれば，著作権侵害になってしまいそうです。もっとも，著作権法30条の2はこのような不都合を回避するため，写真の撮影，録音，録画，その他（スクリーンショットやライブ配信などの）複製伝達行為全般（改正法により対象拡大）については，「写り込み」があっても著作権侵害にはならないと定めています。

ご質問のケースは，ライブ配信映像を撮影する際，意図せずBGMが紛れ込んでしまったとのことですので，上記規定により通常は著作権侵害になりません。

ただし，同条には「軽微な構成部分となる場合……に限る」，「著作権者の利益を不当に害することとなる場合はこの限りでない。」という制限が

あり，この点注意が必要です。

　例えば，お店がいわゆる「ジャズ喫茶」や「ミュージックバー」だった場合，BGMの視聴が主目的のお店であり，その音量も大きいものと思われます。この場合，公開映像内でBGMの占める割合が大きくなりますので，上記軽微性の要件に抵触し，著作権侵害となる可能性もありえます。もっとも，ご質問にあるラーメン店などの飲食店全般は，音楽を聴かせることではなく飲食物の提供が主目的といえ，問題はないと考えます。その他業種の店舗でも，音楽視聴が主目的とはいえない店舗であれば同じく問題ないでしょう。

〔三宅恵美子〕

Q68　歌ってみた・踊ってみた①

　いわゆる「歌ってみた」「踊ってみた」動画をサイト上に載せようと思っています。何か問題はありますか？

 A 著作権や著作隣接権の侵害となる可能性がありますので十分にご注意ください。

解説

　ご質問の「歌ってみた」「踊ってみた」動画には様々なパターンがあり，法的な問題点を検討するには，動画ごとに検証する必要があります。

　しかしながら，便宜上，最も一般的と思われるものとして，既存のアーティストの楽曲に合わせて，ご自身が歌うまたは踊る様子を撮影して動画投稿サイトに投稿するケースに限定して回答いたします。

　まず，既存のアーティストの楽曲を再生し，また，歌唱している（「踊っ

てみた」の場合「歌唱」は問題とはなりません）点で，作詞家・作曲家の著作権（厳密には演奏権といいます）の侵害となります。

　また，既存のアーティストの楽曲を録音し，インターネット上で配信することになりますので，この点でも作詞家・作曲家の著作権（厳密には複製権・公衆送信権といいます）の侵害となり，さらに，元の音源の演奏者や製作者であるレコード会社が持つ著作隣接権（録音権・複製権・送信可能化権）の侵害ともなります。

　なお，JASRACと利用許諾契約を締結している動画投稿サイト（「歌ってみた」「踊ってみた」動画の投稿先としてよく使用されるYouTubeやニコニコ動画も利用許諾契約を締結しています）であれば，JASRACの管理する楽曲を使用した投稿については著作権侵害とはなりません。

　ただし，このようなサイトを利用したとしても，使用する楽曲がJASRACの管理楽曲でない場合には著作権侵害の問題は残ります。

　また，JASRACは著作隣接権の管理は行っていませんので，元の音源の演奏者やレコード会社が持つ著作隣接権については別に許諾を受ける必要があります。

〔廣瀬貴士〕

Q69　歌ってみた・踊ってみた②

　会社の忘年会の二次会でカラオケに行き，皆で流行の振り付けを踊りながら歌って大変盛り上がりました。会社の雰囲気が良いことを求人のためにも広く伝えたいので，YouTube等の動画投稿サイトや会社のウェブサイトにこの時の動画をアップロードしたいのですが何か問題はありますか。

A 著作権や著作隣接権の侵害となる可能性が高いので権利処理を
すべきです。

解説

1　複製権・公衆送信権の侵害

　既存のアーティストの楽曲を録音し，インターネット上で配信すること
になりますので，作詞家・作曲家の著作権（厳密には複製権・公衆送信権
といいます）の侵害となり，さらに，元の音源の演奏者や音源の製作者で
あるレコード会社やカラオケ会社（カラオケ用に独自に音源を制作する例
も多数あります）が持つ著作隣接権（録音権・複製権・送信可能化権）の
侵害ともなります。

　なお，JASRACやNexToneと利用許諾契約を締結している動画投稿サ
イト（「歌ってみた」「踊ってみた」動画の投稿先としてよく使用される
YouTubeやニコニコ動画も利用許諾契約を締結しています）であれば，
JASRACやNexToneの管理する楽曲を使用した投稿については著作権侵
害とはなりません。

　ただし，JASRAC等は著作隣接権の管理は行っていませんので，元の音
源の演奏者やレコード会社が持つ著作隣接権については別に許諾を受ける
必要があります。

2　関連裁判例

　これに関連して，最近，平成28年12月20日東京地裁判決が出されました。
　業務用通信カラオケ機器製造販売会社である株式会社第一興商が，カラ
オケ店舗で自分が歌唱する様子を動画撮影し，YouTubeにアップロード
した個人を訴えた事件です。
　そのカラオケ店ではDAM端末を利用するのですが，同端末に収録され

たカラオケ音源は第一興商が作成した物であり，同社は著作隣接権の1つである送信可能化権（インターネット上に音源をアップロードする権利です）を持っています。

　YouTubeに動画をアップロードすると，その動画内で流れているカラオケ音源も同時にアップロードされるので，送信可能化権侵害になるという主張です。裁判所はこれを認め，訴えられた個人に対し送信可能化の差止めを命じています。

　もっとも，動画投稿サイトの中には著作隣接権についても当該サイト自身が権利処理を行い，投稿者個人が責任追及をされないように対応してくれているものもあります。例えばニコニコ動画の「音楽著作物及び音楽原盤の利用に関するガイドライン」を見ると，2022年4月現在，下記の各社が権利を持つ音源のうち，「許諾原盤検索システム」で確認できる許諾原盤については「ニコニコ動画（動画投稿サービス）」と「ユーザー生放送」で利用可能とされています。

　したがって，お持ちのCD等の音源を含んだ動画をニコニコ動画で投稿したい場合は，「許諾原盤検索システム」で確認し，許諾されていれば，そのCD等を再生した音が入った動画を投稿しても大丈夫ということになります。

- エイベックス・デジタル株式会社
- 株式会社JVCケンウッド・ビクターエンタテインメント
- NBCユニバーサル・エンターテイメントジャパン合同会社
- 有限会社クイント
- 株式会社トムス・ミュージック
- 株式会社ドワンゴ
- balloom
- 株式会社 Pinc

- MOER
- 株式会社ユークリッド・エージェンシー
- ユーマ株式会社
- 株式会社ワーナーミュージック・ジャパン

〔雪丸真吾〕

Q70　ライブ映像①

好きなアーティストのライブを撮影した動画を自分のウェブサイトにアップロードしたいのですが，許諾が必要でしょうか。その場合，誰に許諾を取ればよいですか。

 A　演奏されている楽曲の作詞家・作曲家，ライブでの演奏者，その他，出演者全員からの許諾が必要です。

解説..

アーティストが演奏しているライブの動画を無断で撮影し，それをインターネット上で公開した場合，楽曲の作詞家・作曲家の著作権の侵害，演奏者の著作隣接権の侵害，アーティストの肖像権の侵害といった多くの権利侵害が生じてしまいます。

そのため，これらの権利者すべてから許諾を得る必要があります。

〔廣瀬貴士〕

Q71　ライブ映像②

　Q70の場合で，撮影した動画を自分の家で見るだけなら，「撮影禁止」となっているライブでも撮影してよいのでしょうか。

 A　著作権等の侵害にはなりませんが，会場からの退場や違約金の支払いの可能性があります。

解説

　アーティストが演奏しているライブの動画を無断で撮影した場合，楽曲の作詞家・作曲家の著作権の侵害，演奏者の著作隣接権の侵害，アーティストの肖像権の侵害といった多くの権利侵害が生じてしまいます。

　ただし，質問のように，自宅で個人的に見るだけの目的で撮影している場合は，いわゆる私的使用に該当しますので，著作権や著作隣接権の侵害にはならず（著30条１項・102条１項），また，肖像権の侵害にもならない可能性が高いです。

　ただし，多くのライブ会場では撮影を禁止し，仮に発見した場合は退場してもらうなどの措置をとることをウェブサイト等であらかじめ告知するとともに，当日も開始前に注意喚起がされています。

　そうしますと，来場者はライブ主催者との間で合意を交わし，撮影を行わないという債務を負っていることになりますので，合意に反して撮影行為を行ったということで退場や違約金の支払いが必要となる可能性があるためご注意ください。

〔廣瀬貴士〕

Q72　楽曲の類比の判断

　当社のイメージソングとして，60秒の長さ，一部ジャズの雰囲気を入れること，最後に2拍の休みの後に皆で叫べるものであること，指定された歌詞に合わせることを条件として，募集をしました。その後，応募作品の1つを選んでウェブサイトやCM等で利用していたのですが，落選した他の作曲家の方が自分の作曲したものと似ていると言ってきました。確かに，テンポも同じですし，音符の長さや休符の長さも似ていますが，旋律（メロディの上昇や下降）や和声が違うように思います。どうやって，曲が似ているかどうかを判断するのでしょうか。

　まずは旋律の同一性や類似性を中心に検討し，必要に応じてリズムやテンポ等の他の要素の類似性も検討して総合考慮すべきといえます。また，この際，どういった条件で作曲がなされたのかという点も考慮する必要があります。

解説

　一般に楽曲の要素としては，旋律，和声，リズム等の多様なものがありますので，どこを重視して曲同士の類似性を見るかは難しい問題です。

　この点につき，裁判例では，編曲の事案において，「少なくとも旋律を有する通常の楽曲に関する限り，著作権法上の『編曲』の成否の判断において，相対的に重視されるべき要素として主要な地位を占めるのは，旋律であると解するのが相当である」としています（東京高裁平成14年9月6日判決〔どこまでも行こう事件〕）。また，テレビコマーシャル用の楽曲同士の類似性については，「楽曲についての複製，翻案の判断に当たっては，

楽曲を構成する諸要素のうち，まずは旋律の同一性・類似性を中心に考慮し，必要に応じてリズム，テンポ等の他の要素の同一性をも総合的に考慮して判断すべきものといえる」としており，いずれも「旋律」の共通性が重視されています（知財高裁平成28年12月8日判決〔「バシッとキメたいそう」楽曲類否事件〕）。

　では，和声やリズムはどうでしょうか。この点については，和声やリズムは，旋律によって基礎づけられた同一性・類似性を否定する方向で考慮される可能性が指摘されています（安藤和宏『よくわかる音楽著作権ビジネス実践編〔第6版〕』（リットーミュージック，2021年）252頁以下）。ただ，これらは，旋律に依存して付けられるものであるため，キーとなる調と旋律の構成によって大きな制約を受けるとの指摘もされていることには留意が必要です（同253頁）。これらを踏まえて，和声やリズムを楽曲の同一性・類似性判断において考慮することになります。

　ちなみに，種々の条件が付けられて作曲されている場合には，楽曲での表現の仕方は一定制約されることもあることに留意が必要です。例えば，曲の長さと歌詞が決まっている場合には，歌詞をきちんと曲に入れ込むためには，音符や休符の長さは似通ってきてしまいますから，このような点に創作性はないとされやすいように思います。また，ジャズ調の雰囲気を入れつつ，指定された曲の長さや歌詞を使用しようとすれば，テンポにしても同じになりがちとなることは否定できません。このように，条件が決められれば，その条件の枠内でしか表現できないという事情があるのですから，楽曲の制作に一定の条件があれば，その条件如何によって，同一性や類似性判断の際に重視されるべき要素は異なってくると思います。

〔福市航介〕

(3)　動画一般

Q73　公開動画と著作権侵害

　他のネット記事などにアップされている動画を集めて，編集した
ウェブサイト（いわゆるまとめサイト）を作りたいと思います。すで
にアップされている動画であれば，公開済みなので，自社のウェブサ
イトに転用して載せることも問題ありませんか。

A　許諾がなければ著作権侵害になります。

解説

　購入したDVDをインターネット上にアップロードしてしまうと著作権
侵害になるということは一般に知られているかと思います。

　他方で，インターネット上で公開されている動画などについては特にお
金を支払うことなく閲覧ができるため，ご質問のように，転用しても著作
権の問題はないと考えている方がいらっしゃいます。

　しかし，ネット記事などで，無料で閲覧できる動画であっても，著作権
者はその記事内で公開し，その記事を見た人が無料で閲覧できることを承
認しているだけであり，インターネット上の別の場所に転用することまで
認めているわけではありません。

　他人の著作物を無断でインターネット上にアップロードすれば著作権侵
害となりますし，このことはインターネット上に公開されている画像で
あっても同じです。

〔廣瀬貴士〕

Q74　リンク

　YouTubeの動画をインラインリンクの形式（ユーザーのクリック
行為が不要なリンクの形式）でリンクを張ってウェブ上に掲載したい
のですが，問題はありますか。

 A　原則的に問題ありません。しかし，違法にアップロードされているコンテンツにインラインリンクなどの形式でリンクを張ることは違法となる可能性があります。

解説

　リンクを張ることは，厳密には，リンク先にあるコンテンツのURLを
書くだけです。そのため，当該コンテンツの複製をしていませんし，アッ
プロードもしていません。こういった理由から，リンクを張る行為は，複
製権や自動公衆送信権を侵害していないと考えられています。例えば，
ユーザーのクリックを必要とするようなリンクは，基本的には問題はない
でしょう（ただし，違法にアップロードされたコンテンツにリンクを張る
ことは，違法行為を助けたとして不法行為に基づく損害賠償責任を負う可
能性があります）。

　これは，インラインリンクの場合も同様です。インラインリンクとは，
ユーザーの操作を介することなく，ユーザーのパソコン上にリンク先の
ウェブサイトが自動的に表示されるように設定されたリンクをいいます。

　例えば，あなたのウェブサイトの一部にYouTubeの動画をインライン
リンクの形式でリンクを張ると，あなたのサイトに訪れた人は，リンクを
クリックすることなく，あなたがリンクを張ったYouTubeの動画を自動
的に見ることになるというものです。

　もっとも，インラインリンクの場合には，あなたがYouTubeの動画を配信したのと実質的に同じことと評価されるとの考え方もありえます。このような考え方を前提として，違法にアップロードされたコンテンツにリンクを張った行為を考えると，あなたが実質的には違法な配信を行っているとされる可能性があります。これは，著作権者の自動公衆送信権を侵害してしまいます。また，少なくとも違法行為のほう助として不法行為に基づいて損害賠償を負う可能性があります。

　その他，例えば，動画の枠の一部を切り取るような形でリンクを張ったり，動画の一部だけにリンクを張ったりすると同一性保持権（著20条1項）を侵害するおそれがあるので注意が必要です（知財高裁平成30年4月25日判決参照）。また，例えば，インラインリンクによって張られている画像がウェブサイトの表示枠のために一部見えなくなったために，その画像の著作者の氏名が隠れて見えなくなってしまった場合，それが氏名表示権侵害となりうることになるので，留意する必要があります（最高裁令和2年7月21日判決〔リツイート事件〕）。

〔福市航介〕

コラム⑥

リーチサイト

　著作権者に無断で投稿されている漫画，音楽，映画等がアップロードされていることが問題となっていますが，このアップロード先のURLのリンクを多数紹介したサイトが問題となっています。いわゆる「リーチサイト」です。リーチとは，leech（蛭）のことを指しますが，リーチサイトの運営者は，このサイトから得られる広告料収入で経済的な利益を得ていることが多いと思います。

　Q74で述べたように，リンクを張ることは，厳密には，リンク先にあるコンテンツのURLを書くだけです。そのため，当該コンテンツの複製をしていませ

んし，アップロードもしていません。リンクを張る行為それ自体は，一般的には，複製権や自動公衆送信権を侵害しないと考えられています。この考え方からは，たとえリーチサイトであったとしても，リンクを張るだけの行為をした人に対して複製権や自動公衆送信権の侵害をしたと評価できません。では，リーチサイトの運営者は何らの責任も負わないのでしょうか。

リーチサイトを放置すれば，著作権侵害コンテンツがどんどん拡散し，著作権者にとって大きなダメージとなることは疑いありません。そこで，令和2年改正著作権法は，一定の場合に，リーチサイト運営者に民事責任や刑事責任を負わせることにしました。

具体的には，①著作権侵害のコンテンツがあるURL等へ強く誘導するようなサイトにおいて，②リンク先のコンテンツが侵害コンテンツであることを知っているか，知ることができて然るべきというときに，③そうした侵害コンテンツの利用を容易にすることを防止する措置をとることが技術的に可能であるにもかかわらず，④これを放置していた場合には，リーチサイト運営者は，著作権等を侵害したものとみなされることになりました（著113条3項）。これに加え，一定の要件のもとでのリーチサイト運営行為が刑事罰の対象となりました（著119条2項4号，5号）。なお，この刑事罰は，著作権者による告訴がなければなりません（著123条1項）。こうした規制は，サイトだけにとどまらず，同じ機能を持ったアプリも同様に規制されます。

さらに，侵害コンテンツのURL等であることを知っているか，知ることができて然るべきであるのに，これを上記のようなサイトやアプリにリンクを張った者も，同様に民事責任を負うことになりました（著113条2項）。

〔福市航介〕

Q75　スポーツイベント

　数日前にスポーツイベントを撮影したのですが，この動画をブログにアップロードしてもよいですか。

A アップロードしないのが無難といえます。

解説

　スポーツイベントの試合を撮影した場合，その動画の著作権者は，撮影者，つまり，あなたです。そのため，あなたが動画をウェブ上にアップロードしても，著作権侵害にはなりません。

　また，選手には肖像権があると思いますが，観衆の前で予定された競技をしたところを撮影された場合に肖像権侵害となるか微妙です。さらに，選手には，パブリシティ権がある場合があると思いますが，**Q42**で述べたパブリシティ権侵害の要件を満たすか疑問です。

　ただ，スポーツイベントの主催者は，多額の会場費や賞金，その他の運営費用を負担するという大きなリスクをとる代わりに，スポーツイベントの放映権の取引をすることで利益をあげています。こういった実態を考えると，主催者に無断でスポーツを撮影し，広く配信することは，その態様によっては主催者の利益を害するものとして違法とされる可能性があります。仮にそうなった場合には，動画投稿者は，不法行為に基づく損害賠償責任（民709条）を負うことになります。また，イベントについてチケットを購入して参加していた場合，無断撮影を禁止していることが多いですから，契約違反となる可能性もあります。そのため，スポーツイベントの動画をアップロードすることはしないのが無難といえるでしょう。

〔福市航介〕

コラム⑦

違法ダウンロード

　動画共有サイトや画像集を集めたサイトの中には，これらの動画や画像がダウンロードできるようになっているものもあります。しかし，これらの動画や画像が必ずしも著作権者の許諾を得てアップロードされているわけではありません。このような違法な著作物のアップロードおよび配信は，著作権者の自動公衆送信権（著23条。詳しくは，Q13を参照）を侵害するものとして違法であることはもちろんです。

　では，違法にアップロードされた著作物をダウンロードすることはどうでしょうか。このような違法配信されているファイルをダウンロードすることは，平成21年改正著作権法の前までは，個人が私的利用目的で使用する限りにおいて適法でした。個人の私的な領域でなされる行動の自由を制限しないようにするためです。

　しかし，個人が行う私的使用目的でのダウンロードであったとしても，ダウンロード全体としてみれば大量に行われるものですから，著作権者の保護としては適切ではありませんでした。そこで，平成21年改正著作権法において，違法配信であることを知りながらなされたデジタル方式の録音や録画は，私的使用目的であっても，民事的に違法となりました（著30条1項3号）。

　しかし，これには，画像は含まれませんでした。そのため，マンガを中心とした違法コンテンツがインターネットにあふれていても，権利者は何もできない状態でした。そこで，令和2年著作権法改正では，一定の場合には画像のダウンロードも違法にすることとしました。もっとも，単なるスクリーンショット等も違法にすると，日常生活に支障をきたします。そこで，動画よりも厳しい要件のもとですが，民事的に違法となりました。詳しくは，Q23に記載があるので，ご確認ください。

　このように著作物一般について，要件の厳しさは異なりますが，民事的に違法となりました。さらに，民事的に違法である要件をさらに厳しくする形で刑事的に違法ともなっています。

　具体的には，録画や録音については，平成24年改正著作権法において，配信

されている著作物がすでに有償で提供等（CDやBD等で販売されたり，有料で
インターネット配信されている等）されたりしている場合には，これを知りなが
ら当該著作物をデジタル方式で録音または録画した場合は，刑事罰が科されるよ
うになりました（著119条3項1号）。刑事罰は，2年以下の懲役と200万円
以下の罰金とがあり，そのいずれかまたは両方が科されることになっています。
また，画像であっても，民事的に違法になる要件に加え，著作物が有償であるこ
と，軽微等ではない有償著作物の侵害コンテンツであることを知りながら継続的
にまたは反復して行為を行った者は，2年以下の懲役と200万円以下の罰金が
科されるか，その両方が科されることになりました（著119条3項2号）。なお，
いずれの罪も親告罪（告訴がなければ公訴提起できない罪）となっています（著
123条3項）。

〔福市航介〕

Q76　SNSの投稿動画

　当社では，SNSへの投稿を使ったキャンペーンを考えています。
SNS上で，一般の方から商品宣伝動画を募った場合，応募された作
品動画を当社でどのように利用しようと，問題はないですよね。

A 利用方法によっては問題になることがあります。

解説

　動画を撮影した場合，一般的には創作性が認められるため，その動画は
著作物となります。撮影者が素人であるかプロであるかは関係ありません。
　そうすると，この動画をどこまで利用できるかは，著作権者の許諾の範
囲によります。

通常，商品の広告キャンペーンのために作品を募る際は，作品の利用目的を記載して募集することになります。その場合，著作物である作品の利用が許されるのは，ここで記載された目的の範囲内ということにならざるを得ないでしょう。そのため，作品を自由に利用したい場合には，広範囲にわたって許諾を得ておく必要があります。

例えば，「ご応募いただいた動画は，ホームページでのピックアップ以外に，テレビ，WEBなどあらゆるメディアに掲載される可能性がございますので，予めご了承ください」などと一言注意書きをしておくべきでしょう。

なお，本件のように，一般の方から動画を募集する際は，応募する方が，既存の曲を動画に利用する，映画やアニメのワンシーンを切り取って利用するなどの著作権侵害行為を行っている場合があります。このような行為を事前に防止するため，「他人の著作権その他の知的財産権を侵害する行為の禁止」等の注意書きも記載しておきましょう。

〔宮澤真志〕

コラム⑧

ウェブサイトの利用規約

YouTubeなどの動画投稿サイト，フェイスブック・インスタグラムなどのSNSサイトでは，サイト管理者が積極的に関与することなしに，ユーザーによって無数の投稿がなされます。そのため，サイト運営者は，その利用規約上に，画像や動画を投稿する際の禁止事項を列挙する条項を設けるのが一般的です。

そして，禁止事項に違反する行為に対しては，問題となる画像・動画の削除，サイトの利用停止，アカウントの削除などの処分がなされることがあります。

禁止事項には，著作権侵害や名誉毀損等の違法画像・動画だけでなく，差別的表現などの倫理的に配信が避けられるべきものも含まれますので，一度規約上の

禁止事項に目を通しておくべきでしょう。

　参考として，禁止事項の簡単なサンプルを掲載します。

【サンプル】

　　　ユーザーは，本サイトを利用するに当たって，以下の行為を行ってはならないものとします。

　　⑴　他人の著作権，その他知的財産権を侵害する行為

　　⑵　他人の財産，名誉，プライバシーその他一切の権利を侵害する行為

　　⑶　他人に不利益，損害ないしは不快感を与える行為

　　⑷　犯罪的行為もしくはこれに関与ないしこれを助長する行為

　　⑸　事実に反する，またはそのおそれのある情報を提供する行為

　　⑹　他人になりすまして本サービスを利用する行為

　　⑺　企業や商品などの宣伝活動または営利活動

　　⑻　政治活動，選挙活動，宗教活動

　　⑼　当社の名誉・信用を傷付け，信頼を毀損する行為

　　⑽　本サイトの運営を妨げる行為

　　⑾　法令に違反する行為

　　⑿　公序良俗に反する行為

　　⒀　前各号の行為に該当するおそれがある行為

　　⒁　その他当社が不適当・不適切と判断した行為

〔宮澤真志〕

Q77　絵本の読み聞かせ動画

　インターネット上で，絵本の読み聞かせ動画を配信したいと思います。特に視聴料はとらずに無償でアップロードするつもりなので，許諾を得ずに利用してもよいでしょうか。

有償，無償にかかわらず，読み聞かせ動画をインターネット上に アップロードする場合には著作権者の許諾を得る必要がありま す。対価を得ているかどうかは関係ありませんので，注意が必要 です。

解説

　著作権法38条は，著作物の上演や口述といった利用行為について，非営利目的で行う場合には，著作権者の許諾なく利用できることを定めています。例えば，図書館などで行われている読み聞かせは，この38条に基づいて行われているものです。

　しかしながらこの38条には，「公衆送信」，つまりインターネットを介した態様による利用行為は含まれていません。これは，インターネットを介した利用は不特定多数人に伝達される点で著作権者に対する影響が大きいことから，あえて制限規定の対象外としたものと説明されています。

　インターネット上に読み聞かせ動画をアップロードする場合には，38条の適用はありませんので，原則通り，著作権者の許諾を得る必要があります。また，絵本の読み聞かせは，絵本のお話とイラストそのものを主たる鑑賞対象とするものですので，引用（著32条）にも該当しません。

　したがって，絵本の読み聞かせ動画をインターネットにアップロードする場合には，絵本の著作権者から許諾を得たうえで行う必要があることになります。

　なお，絵本というのは，お話とイラストという2つの著作物が結合した，いわゆる結合著作物に該当します。お話とイラストはそれぞれ別個の著作物であり，それぞれについて著作権が生じているわけです。

　したがって，絵本のイラストも見せながら読み聞かせを行うような場合には，お話とイラストの2つの著作物について，それぞれの著作権者から

許諾を得る必要があることになりますので，この点にも注意が必要です。

〔近藤美智子〕

2　肖像権・プライバシーの問題

Q78　通行人の写り込み

　町を歩きながら動画を撮影した場合に，偶然その動画に写ってしまった通行人に対しても，その動画をサイトに載せることに関して許諾を得る必要があるのでしょうか。

A　通常は許諾不要です。

解説

　著作物が写り込んだ場合のQ67と異なり，撮影者と無関係の通行人が写り込んだ場合は，著作権ではなく「肖像権」という権利が問題となります。このため，同じ写りこみでもQ25やQ67のように改正著作権法30条の2の適否が問題となるのではなく，もっぱら「肖像権」侵害の問題となります。

　まず，「肖像権」とは，無断で自分の姿態を撮影され，公表されない権利をいいます。著作権と異なり明文上の規定はありませんが，裁判例（東京地裁平成17年9月27日判決）は，「何人も，個人の私生活上の自由として，みだりに自己の容貌や姿態を撮影されたり，撮影された肖像写真を公表されないという人格的利益を有しており，これは肖像権として法的に保護される」と判旨し，そのような権利を認めています。

　もっとも，肖像権侵害といえるには，特定性（何を被写体としたのかあ

る程度判別可能なこと），意図せず写り込んだこと（あくまで画像全体がメイン），が必要となります。上記裁判例は，原告の全身像に焦点を絞り，その容貌もはっきりわかる形で大写しに撮影され，着衣の文字デザインも特徴的だったことから，特定可能であると判断しました。これに対し，被写体が誰だかおよそ判別できず，うっかり写り込んでしまった場合には，これらを充足せず，肖像権侵害とはなりません。

また，上記の場合でも，撮影場所等から判断し，被写体に与える心理的影響が少ない場合は「社会生活上受忍すべき限度を超え」（最高裁平成17年11月10日判決）ないとして，肖像権侵害とはならないと考えられます。

本件は，仮に通行人が誰か特定可能でも，偶然写っただけであること，撮影場所が自宅などと異なり（そもそも他人に見られることが想定されている）公道上であることから，受忍限度内といえるでしょう。

よって，許諾は不要と考えられます。

〔三宅恵美子〕

3 パブリシティ権の問題

Q79 ものまね

動画投稿サイトで，有名人のものまねをして，動画再生回数を上げることで収入を得ようと思っています。何か問題はありますか。

A ものまねであることを明確にするとともに，侮辱的なものでない限り問題はないと思われます。

解説

1　ものまねの性質

　有名人のものまねは，その有名人が注目される存在であるために注目されますが，ものまねには技術が必要ですから，ものまね技術が高度であることによっても注目されます。このように，ものまねは，ものまねの対象となる人の魅力とものまねをする人の技術力によって，人を引き付けるものといえそうです。

　有名人のものまねをする場合，ものまねの対象となる人の氏名，肖像，その他の人物識別情報（声色等も含まれるように思います）を利用することになりますが，有名人の人物識別情報は，商業的な価値を持つに至っていることが多いといえます。このような有名人の商業的価値ある人物識別情報を保護する権利としては，パブリシティ権があるとされています（最高裁平成24年2月2日判決)。

2　ものまねとパブリシティ権

　では，ものまねはパブリシティ権を侵害するのでしょうか。先ほどの判例は，パブリシティ権の侵害であるのは，①肖像等それ自体を独立して鑑賞の対象となる商品等として使用したり，②商品等の差別化を図る目的で肖像等を商品に付したり，③肖像等を商品等の広告として使用したりするなど，専ら肖像等の有する顧客吸引力の利用を目的とするといえる場合と判示しています（詳しくは，Q42を参照）。

　ものまねの場合，そもそも有名人の肖像等を利用しているか否かが問題となりそうですが，外見等が酷似しているような場合には，肖像等を使用したとされる可能性があります。他方，大きくデフォルメする等のように，肖像等を利用したとまではいえない場合もあると思います。

　仮に肖像等を利用していると考えられる場合，上記①から③のように，

専ら肖像等の有する顧客吸引力の利用を目的とするものか否かが問題となります。

　有名人のものまねは，有名人の肖像等をそのまま利用するものといえますので，①に近いといえそうです。しかし，はじめに指摘したとおり，ものまねは，ものまね技術が高度であることによっても注目されます。そのため，①のように，肖像等それ自体を独立して鑑賞の対象としてものまねを見せるというよりも，ものまねという技術を鑑賞の対象としてものまねを見せるという目的も十分に含まれていると考えられますから，専ら肖像等の有する顧客吸引力の利用を目的とするとまではいえず，パブリシティ権侵害にはならないように思います。

　もっとも，ものまねとは明示せず，映像や顔等もはっきり映さないような態様で，有名人のものまねをすることで，あたかも有名人が出演しているかのような配信をしてアフィリエイト等を得ようとすることは，ものまねの技術を見せるというよりも，有名人が持つ肖像等の有する顧客吸引力の利用を目的としているといえますので，パブリシティ権侵害になるように思います。

　なお，パブリシティ権侵害とはならなくとも，有名人自身をあまりに侮辱するような態様のものまねは，別途有名人の人格的な利益を侵害するものであり，社会通念上，受忍できる限度を超えるとして，違法とされるおそれがありますので，注意が必要と思います（なお，本人が許諾している場合は別です）。

〔福市航介〕

第2節

画像（写真・イラストなど）

1 著作権の問題

(1) グラフ・記号

Q80 グラフと著作物

当社の製品の売れ行きを紹介するため，ウェブサイト上で，個人の方が作られたある統計データのグラフを引用しようと思いますが，このグラフは著作物になりますか。

A なる場合があります。

解説······

著作物というためには，思想または感情の創作的表現である必要があります。統計データは，単なる事実や情報の集合物であって，思想または感情の表現にはあたりません。

もっとも，これがグラフになった場合，思想または感情の表現として認められる場合があります。

ただし，一般的なグラフに用いられる折れ線グラフや棒グラフ，円グラフなどでは創作性は認められません（例えば，下記のグラフと類似のグラフに関して，著作物性が認められないことにつき，東京地裁平成22年1月27日判決を参照）。それらは，グラフとして，ありふれた表現だからです。グラフにイラストが用いられるなど個性が認められる場合は，著作物と言

える場合もありえると思いますので要注意です。

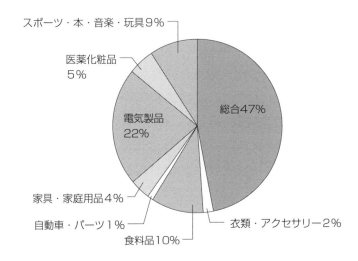

スポーツ・本・音楽・玩具9%

医薬化粧品 5%

電気製品 22%

総合47%

家具・家庭用品4%

自動車・パーツ1%

食料品10%

衣類・アクセサリー2%

〔宮澤真志〕

Q81　マークと著作物

　　大阪府とのタイアップにより，当社のウェブサイト上で，大阪の観光名所を紹介することになりました。その際，大阪城と通天閣について，他社がデザインしたマークがあることに気が付きました。このマークを勝手に利用することは許されるでしょうか。

A 許されません。

解説

1　マークの著作物性

　本件では，マークの著作物性が問題となります。

　一言にマークといっても，文字をデザインしたものから，絵やイラスト調のものまで，様々なタイプがあります。

　本件で問題となるマークは，禁煙マークや非常口マークなどと同じピクトグラム（絵文字）というジャンルに属します。ピクトグラムは，公共場所での案内等に用いられる図記号であり，案内表示という実用目的に供されるという意味で，表現の選択の幅に一定の限界がありますが，なお表現の選択に個性が発揮されていると評価されれば，著作物性は認められます。

2　関連裁判例

　次のようなピクトグラムについて著作物性の有無を判断した裁判例として，大阪地裁平成27年9月24日判決があります。

(1)　マークの実用目的

　同裁判例では，まず，マークの目的について，「これが掲載された観光案内図等を見る者に視覚的に対象施設を認識させること」としたうえ，実際にも相当数の観光案内図等に記載されて実用に供されていると認定し，本件マークが実用目的を有するものであることを確認しました。

(2)　実用的機能を離れた創作性の幅

　次に，同裁判例は，本件マークも，「それが実用的機能を離れて美的鑑賞の対象となり得るような美的特性を備えている場合には，美術の著作物として保護の対象となると解するのが相当である。」としたうえ，以下の

ような点に「実用的機能を離れた創作性の幅」が認められうるとしています。

- どの特徴を拾い上げどこを強調するのか
- どの角度からみた施設を描くのか
- どの程度，どのように簡略化して描くのか
- どこにどのような色を配するか

---

(3)　結論

　結論として，同裁判例は，本件マークの著作物性を認めました。その理由としては，それぞれ以下のような点を挙げています。

---

① 　大阪城
- 3つの屋根部分が見える角度の大阪城を，屋根の下の三角形状の壁部分のみを白抜きして強調し，他の部分を捨象して青色に塗りつぶした形状のみで表現していること
- 石垣部分については，現在の石垣の高さよりも大きく構成して強調してスケール感を出しつつ，格子状の線部分を白抜きにして石垣を簡略に表現していること
② 　通天閣
- 塔全体について青色に塗りつぶされた面にし，最下部の脚部のみ線の組み合わせで構成して鉄骨構造であることを強調し，それより上の部分については青色の面に二本の縦線で橋脚部分と展望台部分のラインを示して青色のシルエットとともに通天閣の形状を表現していること

　以上より，本件マークには著作物性が認められるため，制限規定の適用なくして，著作権者に無断で利用することは許されません。

〔宮澤真志〕

(2)　地　　図

Q82　地図と著作物

　当社が運営しているワインに関する情報サイトで，日本のワインの産地を示すために，国土地理院の地図を使いたいと思っています。許諾を取らなくても使えますか。

A　国土地理院に許諾を得る必要があります。

解説..

　ここでも著作物性が問題となります。地図は，一見すると，地形や標高といった事実それ自体を表現するので，思想または感情の創作的表現とはいえないように思えます。しかし，地図を作成するにあたっては，事実状態をそのまま表現することは不可能です。そのため，地図上に何をどう表現するかという点について，地図作成者の個性が発揮されている箇所が多くあります。

　裁判例上も，素材の取捨選択，配列およびその表示の方法に関し，地図作成者の個性，学識，経験等が重要な役割を果たすという理由から，地図の創作性を認めたものがあります（富山地裁昭和53年９月22日判決〔富山住宅地図事件〕）。したがって，地図には原則として著作物性があるといってよいでしょう。

　もっとも，本問と異なり，日本のワイン産地とワイナリーだけが記載されている地図を利用する場合には，その性格上，掲載する対象の取捨選択は限定されてきますから，その点に創作性を認めることは難しいと考えられます。このように，地図の目的上，選択される情報の範囲が自ずと定ま

るというものである場合には，著作物性が認められる箇所はより限られた
ものとなってくるように思います。

　なお，測量法29条により，国土地理院の測量成果である地図等を複製す
る場合には，①申請が不要な場合，②申請が不要であるが出所明示が必要
な場合，③複製承認申請が必要とされる場合などがありますので，国土地
理院へ直接問い合わせるか，ウェブサイトなどを確認のうえ利用するよう
にしてください。

〔宮澤真志〕

(3)　イラスト・デザイン

Q83　コラージュとパロディ

　有名な絵画作品を勝手にコラージュしてウェブ広告に使うことはで
きますか。パロディにして使う場合にはどうですか。

A　どちらも，引用にあたらなければ，著作権侵害となるため，著作
権者の許諾なしに使うことは許されません。また，引用にあたっ
たとしても，別途，同一性保持権侵害となる可能性があります。

解説

　本問では，問題となる作品に著作権があることを前提としますね。もし，
古い絵画作品などで，著作権が消滅しているようなものを対象とするので
あれば，そもそも著作権侵害の問題とはならないからです。ただし，この
場合も，著作者の人格権を侵害するような行為は禁止されていることに注
意してください（Q17参照）。

　コラージュとは，複数の素材を組み合わせて創作する現代絵画の技法の

1つであり，ウェブ広告上で絵画作品をコラージュすることは，当該作品の自働公衆送信権侵害や翻案権侵害を伴います。

　また，パロディとは，他の作品等の風刺・批判のため，その作品を模倣ないし一部改変し，自身の作品として発表することを指し，ウェブ上でパロディ作品を広告に載せることは，他人の作品の自動公衆送信権や翻案権侵害を伴います。

　したがって，これらの行為は，引用の要件（Q20参照）を満たさない限り，著作権者の許諾なしに行うことが許されません。

　また，コラージュやパロディは，作品の改変を伴うことが多いため，当該作品の著作者人格権者が有する同一性保持権侵害にもあたります。この結論は，引用として利用する場合であっても同じです（引用としての利用が「やむを得ない改変」にあたる場合を除きます）。

　質問にあるコラージュやパロディがどのような態様のものかはわかりませんが，当該作品に著作権がある限りは，なるべく著作権者の許諾を得て利用することが望ましいといえるでしょう。

〔宮澤真志〕

Q84　許諾の相手方

　他社のイラストやデザインが広告などの商業用のものであった場合，これをそのまま当社のサイト上で利用するためには，作成したデザイナーだけでなく，作成を依頼した企業の許諾も必要となるのでしょうか。

A　必要となるケースが多いものと考えられます。

解説 ....

　以下では，本件のイラストやデザインには，著作物性が認められること
を前提としてお話しますね。

　イラストやデザインの場合，原則として，著作権は，著作物が創作され
た時点では著作者に帰属しています。もっとも，著作権は自由に譲渡する
ことが可能です。したがって，著作権者であった著作者が，契約その他の
合意により，第三者に著作権を譲渡することがあります。

　本件のように，会社がデザイナーにイラストやデザインの作成等を依頼
する際には，契約上，著作権の一部ないし全部が，当該会社に譲渡されて
いることが多くあります。この場合，当該著作物を利用するためには，原
則として同社の許諾が必要となります。

　【例】契約上の著作権の規定

第○条（著作権）
1．デザイナーによる本件業務の履行の結果，生じることのある著作権
　（中間成果物に関する著作権を含む）は，その発生と同時に発注会社に
　譲渡され（著作権法第27条および第28条規定の権利を含む）同社に
　帰属するものとする。譲渡対価は第○条の支払に含まれる。
2．デザイナーは前項記載の著作権の対象である作品について，著作者人
　格権を行使しないものとする。
3．本条の効力は，本契約が終了した場合においても有効なものとする。

　また，イラストやデザインを作成したデザイナーが，同社の従業員であ
る場合には，職務著作という制度により，そもそも著作者が会社である可
能性もあります（Q4参照）。その場合は，著作物の創作時点から，著作
権を著作者たる会社が有していたことになります。

　いずれにせよ，本件では，イラストやデザインの作成を依頼した会社の

ほうに著作権が帰属している可能性が十分にあるので，貴社としては，あらかじめその会社（およびデザイナー）に確認のうえ，著作権者から許諾を取っておくのがよいでしょう。

〔宮澤真志〕

Q85　ウェブデザイン

格好良いウェブサイトを見つけました。当社のウェブサイト作成の際に参考にしたいのですが，勝手にレイアウトなどをまねしてもよいのでしょうか。

 A 著名なレイアウトの場合には，不正競争防止法違反になる可能性があります。

解説

　ここで，まず問題となるのは，ウェブサイトをデザインする際のレイアウトに著作物性があるかどうかです。一般に，著作物というためには，それが思想または感情の創作的表現である必要があります。そして，「創作的表現」というためには，表現に個性が発揮されているといえなければなりません。

　ウェブデザインにおけるレイアウトとは，クライアントから提供を受けた写真・画像・文章などの素材を，配置・配列・割り付け等する作業であり，それ自体は具体的な「表現」ではなくアイデアに過ぎないと判断されることが多いものと思います。したがって，ウェブデザインにおけるレイアウト自体には原則として著作物性は認められないでしょう。

　ウェブデザインとは異なりますが，商品販促ツールのデザイン画につい

て，製作者が「制作過程において行った作業（製造過程における作業を除く）は，デザイン，レイアウト（素材のレイアウト），配色，仕上げの各作業に過ぎ」ないことを理由に，デザイン画の著作物性を否定した裁判例があります（大阪地裁平成24年1月12日判決〔販促ツールデザイン画事件〕）。

　もっとも，当該サイトを構成する個々の文章や画像には，別途著作物性が認められる可能性はあるので，その点には注意が必要です。

　また，ウェブデザインのレイアウトが著名なものである場合（誰が見ても特定のサイトをまねしたことがわかる場合）には，別途，不正競争防止法に違反する可能性があります。したがって，ウェブサイトのレイアウトをまねする際は，そのレイアウトが一般的なものに過ぎないか，誰が見てもわかるくらい著名なものであるか事前に判断する必要があります。

〔宮澤真志〕

Q86　企画書・プレゼン資料

　当社がいつもウェブデザインをお願いしている他社のデザイナーから，以前，新しいデザインの企画書とプレゼン資料の提供を受けました。結局，そのときは採用に至らなかったのですが，今回，その内容を一部参考にして自社でウェブサイトのデザインを企画することとなりました。この企画書とプレゼン資料に，著作権は認められますか。

A　認められることがあります。

解説

　一般に，著作物というためには，それが思想または感情の創作的表現で

ある必要があります。

　企画書やプレゼン資料は，通常，企画のコンセプト・概要・進行スケジュールなどが図・イラストなども交えた形で記載されており，企画の骨子が箇条書きで簡潔に記載されているようなものを除き，創作性が認められることが多いものといえます。したがって，それらの資料自体には，著作物性が認められることが多いでしょう。実際に，広告制作会社が作成した企画書とラフ案に，著作物性を認めた裁判例もあります（東京高裁平成7年1月31日判決）。

　他方，企画書やプレゼン資料に記載されている企画内容は，単なるアイデアに過ぎず，具体的な「表現」ではないため，著作物とはなりえません。そのため，企画の内容には著作権が認められません。

　もっとも，参考にした企画内容が，あまりに元の企画と酷似していた場合には，契約責任ないし不法行為責任を問われる場合があります。企画やコンセプトを生み出すには相応の時間や労力がかかっていることが通常であり，これ自体が売買の対象となっている現状を考えると，これにただ乗りすることは不当であるといえるからです。

〔宮澤真志〕

Q87　HTML

　当社のホームページは，文字の大きさ，配列や図柄などの画面デザインをすべて自社で作成し，それらをウェブ上で表現するためのHTMLの作成だけをA社に外注しました。その後，ホームページは完成したのですが，A社に保守運用をお願いすることなくA社との契約は終了しました。A社との契約では，ホームページ作成により生じるプログラムの著作権はA社に帰属すると定められていますが，その

他にプログラムの使用を制限する定めはありません。

　A社との契約終了後，当社は，ホームページに使用されている
HTMLを複製または改変するなどして使用することはできないので
しょうか。

 A 使用できます。

解説……………………………………………………………………………………

　問題となるのは，A社が作成したHTMLに著作物性があるかどうかで
す。HTMLに著作物性が認められる場合には，その著作者・著作権者は
A社になるため，A社に無断で使用することは原則としてできません。

　一般に，著作物というためには，それが思想または感情の創作的表現で
ある必要があり，「創作的表現」というためには，表現に個性が発揮され
ていることが必要です。

　プログラム言語，規約および解法は，著作権法の保護対象とならないた
め（著10条3項），プログラムの作成者の個性は，コンピュータに対する
指令をどのように表現するか，指令の表現をどのように組み合わせるか，
どのような表現順序とするかなどといったところに表れます。HTMLの
著作物性が問題となった知財高裁平成29年3月14日判決では，「プログラ
ムの著作物性が認められるためには，指令の表現自体，同表現の組合せ，
同表現の順序からなるプログラムの全体に選択の幅が十分にあり，かつ，
それがありふれた表現ではなく，作成者の個性が表れているものであるこ
とを要する」ということができ，「プログラムの表現に選択の余地がない
か，あるいは，選択の幅が著しく狭い場合には，作成者の個性の表れる余
地がなくなり」，著作物性は否定されると判示されています。

　また，上記知財高裁判決の原審である東京地裁平成28年9月29日判決で

は，HTML（言語）は，「プログラミング言語ではあるが，集計・演算等
の処理をするためのものではなく，ブラウザの表示，装飾をするための言
語であり，ウェブ画面のレイアウトと記載内容が定まっているときは，
HTMLの表現もほぼ同様となり，誰が作成しても似たようなものになる」
と判示されました。本件でも，文字の大きさ，配列や図柄などの画面デザ
インを自社で作成されているということですので，それをウェブブラウザ
上に表現するプログラムに作者の個性が発揮されているとはいえないで
しょう。

　したがって，A社が作成したHTMLに著作物性は認められないものと
思います。

　なお，ホームページ作成の際に，HTMLのほかにCSSが使用されている可
能性が高いですが，当該CSSにも著作物性は認められないものと思います。

　ただし，別途納入されているはずのサイトマップやURL設計書などの
成果物については，作図などに工夫がされていれば著作物性が認められる
可能性があります。これらの成果物をデッドコピーして使用する場合など
には，A社の許諾を得ておく必要があるでしょう。

〔宮澤真志〕

Q88　キャラクターイラスト

　最近話題になっている絵本のキャラクターグッズを手作りして，イ
ンターネットで販売したいのですが，許可は必要でしょうか？

A そのキャラクターのイラストの著作権者の方から，許可を得る必
要があります。

解説……………………………………………………………………………………………

　絵本のキャラクターのイラストは，そのイラストを描いた作家の著作物です。

　そして，そのキャラクターを利用したグッズを制作することは，そっくりそのまま利用するなら著作物の複製，多少の変更が加わっていても，あのキャラクターだ，と特定できる程度の特徴を有しているのであれば，翻案としての利用に該当しますので，利用するには原則として著作権者の許諾を得る必要があります。

　もっとも，例えば家庭内で，自分の子供の持ち物に人気キャラクターを刺繍したり，アップリケをつけてあげるというように，個人的に利用するような場合には，著作権法30条の私的使用のための複製（翻案も可能です。著47条の6第1項1号）として許諾なく行うことが可能です。

　しかし，インターネットの販売サイトで販売を行うような場合には，もはや私的使用とはいえませんので著作権法30条の適用は受けず，原則通り著作権者の許諾を得る必要があることになります。

〔近藤美智子〕

(4)　写　　　真

Q89　素人の写真

　SNSや個人のブログ上の写真を，当社のウェブサイト上で使いたいと思います。素人の撮った写真も著作物となり，著作権が認められますか。

 多くの場合，著作権が認められます。

解説..

　著作権は，創作性（作り手なりの思想または感情の創作的表現）がある場合に認められます。写真は，誰でもシャッターを押すだけで写真ができるから，知的・精神的活動はなく，個性も発揮されないのではないかという疑問もあるかもしれません。

　しかし，写真を撮る過程は，被写体の選択，撮影場所・日時の選択，構図の決定，レンズ・フィルム・カメラの選択，露出，光量の調節，シャッターチャンス，現像の手法等の点において多々個性を発揮する要素があり，機械的に作成されるという特性がありつつも，多くの場合，創作性は肯定されます。

〔杉浦尚子〕

Q90　商品画像

　化粧品の販売サイトを運営しています。製品の販売をしている以上，製品写真は化粧品メーカーや販売店のウェブサイトに掲載されているものを使用することになると思いますが，メーカーや販売店のサイトに掲載されているような商品紹介用の写真も著作物となるのでしょうか。

 A　著作物となる場合があります。

解説..

　商品を紹介するために，商品を正面や側面から撮影した写真は平凡な印象を持ちますが，その場合でも写真家の創作的な表現が認められる場合があります。

　参考判例として，シックハウス症候群の対策商品の写真の著作物性に関するスメルゲット事件（知財高裁平成18年3月29日判決）があります。

　同判例は，写真は被写体の選択・組合せ・配置・構図・カメラアングルの設定，シャッターチャンスの捕捉，被写体と光線との関係（順光，逆光，斜光等），印影の付け方，色彩の配合，部分の強調・省略，背景等の諸要素を総合してなる1つの表現であるとしたうえで，著作物性が争われた商品写真1（写真略：サイズの異なる容器2つを横に並べ，ラベルが若干内向きとなるように配置して，正面斜め上から撮影し，光線は右斜め上から照射されて左下方向に短い影が形成され，背景は薄いブルーである）と商品写真2（写真略：霧吹きタイプの商品を，水平に寝かせた状態で横に2個並べ，両面の上下方向に対して若干斜めになるように配置して，真上から撮影し，光線は右側から照射され左側に影が形成され，背景はオフホワイトである）の著作物性（創作性）を認めました。

　なお，この判決は争いの対象となった「各写真の創作性の程度は極めて低いものであって，著作物性を肯定し得る限界事例に近い」とも示しました。

　その他，IKEAの広告用の製品写真の無断利用について写真の著作物性が認められた判決があります（東京地裁平成27年1月29日判決）。

〔杉浦尚子〕

Q91　ウィキペディア掲載の情報や写真の利用

　ウィキペディアに掲載された情報や写真を，ブログ上で利用することはできますか。

A 利用される情報がテキストの場合と画像の場合について，それぞれウィキペディアで指定された条件を満たすことで利用可能となります。

解説

　ウィキペディアは"誰でも編集できるフリー百科事典"と謳い，ここに掲載されている文章や画像等は，一定条件のもとに，営利目的の利用であっても，著作物の改変を伴う場合でも二次利用をすることができるとされています。

　ウィキペディアに掲載された情報をネット上利用する場合の条件は，ウィキペディアのメイン画面の下方の「利用規約」のタグ内の「コンテンツの利用許諾」や，さらに「ウィキペディアを二次利用する」「ウィキメディア内のコンテンツを外部で再利用する」というページに掲載されています。

　ここでは2022年5月時点の条件の概要をご説明いたしますが，条件のアップデートは少なからずあるようです。二次利用の場合には最新の条件を利用の都度ご確認ください。

　なお，利用条件は利用される情報がテキストの場合と，画像の場合とで異なります。

1　テキスト（文字情報）の利用条件（クリエイティブ・コモンズ「CC」のルールによる場合）

① 著作権帰属表示（「BY」又は①）

　利用元のページへのハイパーリンクやＵＲＬを示すか，著作者のリストをつけるなどウィキペディアの指定する方法で著作者表示をすること

② 継承（「SA」又は◉）

> 利用元の情報を利用して作成したあなたの著作物についても，利用元の著作物と同じウィキペディアの指定する条件で，他者の二次的利用を許諾すること
> ③　改変内容の明示
> 　ウィキペディアが用意する変更履歴表示機能などを利用して，あなたが変更した内容（改変内容）を明示すること
> ④　許諾表示
> 　あなたの二次的著作物について，他人が同じ条件で利用してよいことを「指定された方法」で表示すること
> 　　　　　　　　　　　「Wikipedia:ウィキペディアを二次利用する」参照

　前記の①～④は，クリエイティブ・コモンズ（Creative Commons，以下「CC」といいます）という団体が用意する著作物使用条件のうちの1つ，「表示-継承」を採用したものです。上記の①のような「表示」の条件は「BY」⓪，上記②のような「承継」の条件は「SA」◎という記号やマークに置き換えられることがあります。この組み合わせのライセンス（使用許諾）の条件は，「CC-BY-SA」という簡単な記号で示され，また，次のようなマークで示されることもあります。

　CCという団体は，著作物の再利用時の条件を世界共通の記号やマークを用いわかりやすく周知することで著作物の再利用を促進しようとしており，これをウィキペディアが採用しているわけです。なお，この「CC-BY-SA」ライセンスでは，BY-SAの条件を守る限り，著作物の営利的な二次利用も，著作物の改変（変更）も基本的に許されます（CCは営利的利用の禁止や改変の禁止を条件とする別の記号やマークを用意していますが，

これらの表示がないことから営利的利用も改変を伴う使用も自由に行えることが示されています）。

　またウィキペディアでは「CC-BY-SA」とは別に「GNUフリー文書利用許諾」の条件も採用しています。これはフリーソフトウエア財団の定める著作物の自由な再利用を促進する使用基準です。詳細はウィキペディアのページをご確認ください。

2　写真等の画像データ

　ウィキペディア内の写真，画像を含むメディア素材は，ウィキペディアの外部のコンテンツが掲載されている場合があります。したがって1で示したテキスト素材とは許諾条件が異なる場合があります。ウィキペディア内の写真をクリックし，「詳細」をクリックすると出所情報と許諾情報を含む情報ページに誘導され，そこには，後記3の「写真1〜3」のような写真に関する出所情報が記載されています。そこに記載された許諾条件に従い二次利用をすることになります。

3　出所明示の要件を満たす表記方法

　なお，本書のような紙媒体でウィキペディアの利用条件である出所の表示の要件を満たす表記方法として，次の例をご参照ください。

【例】（出所明示の要件を満たす表記方法）

引用部分の例

沿革　[編集]

- 1878年（明治11年）10月16日 - 演武場（武芸練習場・屋内体育館）として建設される。場所は札幌農学校敷地内で、1906年（明治39年）に移設されるまでは、現在の位置よりおよそ130m北東に位置していた[8]。
- 1881年（明治14年）
  - 8月12日 - 鐘楼に時計が設置され運転を開始する[2][8]。
  - 9月1日 - 明治天皇が札幌農学校を訪問、演武場で実験や授業を視察[9]。
- 1898年（明治31年）- 有島武郎の『星座』に大時計の音が描かれる。
- 1903年（明治36年）- 札幌農学校が現在の北海道大学所在地に移転する。
- 1906年（明治39年）- 札幌区により買取され、現在の場所に移設される。
- 1911年（明治44年）- 図書館として使用開始（1966年〔昭和41年〕まで）。
- 1922年（大正11年）- 高階哲夫が『時計台の鐘』を作詞作曲する。
- 1922年（大正11年）または1924年（大正13年）- 札幌市教育会の寄付により改装工事を実施、2階演舞場の改装と東側に階段室を設置。
- 1926年（大正15年）- 所有者が札幌市に移転する。
- 1933年（昭和8年）- 教育文化施設としての拡充を目的に改装工事や管理人住宅の新設を実施。
- 1934年（昭和9年）- 明治天皇聖蹟碑建立[10]
- 1943年（昭和18年）- 大日本帝国陸軍が接収、通信隊や人事部が使用。
- 1945年（昭和20年）- 終戦に伴い接収解除、札幌市教育団体が入居。明治天皇聖蹟碑撤去[11]。
- 1966年（昭和41年）- 札幌市議会が現在地での永久保存を決定[3]。
- 1967年（昭和42年）- 図書館移転を機に復元工事を実施。
- 1968年（昭和43年）- 札幌市創建100年を記念し二階に歴史展示室を設置。
- 1970年（昭和45年）6月 - 重要文化財に指定される[1]。時計と自鳴器械一式は附（つけたり）。
- 1976年（昭和51年）- 2階に「札幌歴史館」を暫定開館。
- 1978年（昭和53年）- 全館を「札幌歴史館」として全面開館。

竣工	1878年10月16日
所在地	〒060-0001 北海道札幌市中央区北1条西2丁目
座標	北緯43度03分45秒 東経141度21分13秒
文化財	重要文化財
指定・登録等日	1970年6月17日

テンプレートを表示

正面から見た時計台

エントランス部

出典表記の例

「出典」

テキストについて

ウィキペディア「札幌市時計台」

https://ja.wikipedia.org/wiki/%E6%9C%AD%E5%B9%8C%E5%B8%82%E6%99%82%E8%A8%88%E5%8F%B0　より

テキストについて

「CC-BY-SA」又は，「このテキストデータはクリエイティブ・コモンズCCの表示-継承ライセンスで提供されています。」

写真について

写真1：正面から見た時計台

撮影者　Mukku

2007年4月13日

　　　　「CC-BY-SA」又は，「このデータはクリエイティブ・コモンズCCの
　　　　表示-継承ライセンスで提供されています。」
写真2：エントランス部
　　　　撮影者　Ninosan
　　　　2008年12月3日
　　　　「CC0　1.0」又は，「このデータはクリエイティブ・コモンズでの世
　　　　界全地域におけるパブリックドメインとして提供されています。」
改変部分の表示
　　改変部分があれば記載する
許諾表示
　　「本書の内，本Q91の部分に限り「CC-BY-SA」の条件を満たすことでご利
　　用いただけます。ただし，写真2については元の公表者においてパブリック
　　ドメインとの表示がありましたので自由にお使い下さい。」

〔杉浦尚子〕

Q92　限定公開ブログと著作物の利用

　私のブログは身内や親しい友人にしか見られていません。この場合，
他人の著作物を掲載しても問題ありませんか。

A　「身内や親しい友人」が，同一家庭内の家族，あるいは3，4人
　　程度の家族に準じる親しい者で，さらに，その範囲の者だけがア
　　クセスできるようにアクセス制限の設定をしているような場合に
　　は，著作権侵害が成立しない場合があります。

解説··

　ブログやSNSに他人の著作物を掲載してインターネットを介してメッセージを送る場合，著作権のうち，公衆送信権，複製権の侵害の可能性があります。ただし，身内や親しい友人の範囲によっては，いずれの侵害にもあたらないことがあります。以下では，複製権と公衆送信権とで分けて考えていきましょう。

1　複製権侵害

　サーバーへの蓄積は複製となり，無断で行えば複製権侵害にあたります。ただし，「私的複製」の例外にあたる場合は侵害が成立しないとされています。

　私的複製とは「個人的に又は家庭内その他これに準ずる限られた範囲内において使用すること」です（著30条1項柱書）。ここにいう「家庭内」とは「同一家庭内」といわれています。「これに準ずる限られた範囲内」は，解釈をする学者によって若干幅がありますが，「3，4人程度のごく少人数」の家族に準ずる親しい友人間を指す，といわれています。

　あなたのいう「身内や親しい友人」が上記の私的複製の例外にあたるようであれば，複製権侵害は免れます。

　なお，この私的複製の例外規定は「公衆送信権」侵害には適用されません。

2　公衆送信権侵害

(1)　公衆送信

　他人の著作物をブログやSNSを通じて配信する行為は，著作権のうち公衆送信権の侵害となりえます。サーバーに他人の著作物をアップロードしてブログ等に情報を掲載し，利用者の求めがあればいつでも送信できる状

態に置くことも，さらにサーバーへの蓄積を伴わないウエッブキャストの
ような場合も「公衆送信」に含まれます（著2条1項9号の5・23条1
項）。

⑵　「公衆」の定義

　この「公衆」には，「不特定人」だけでなく「特定多数人」も含むと定
められています（著2条5項）。

　たとえ実際に見ている相手が「1人の人」であっても，限定公開設定を
せず「誰でも公衆送信の対象となる」ような場合は，「不特定の人」にあ
たるので，公衆となります。

　例えば，ブログやSNSの非公開設定，公開範囲を限定する設定や承認を
要する手続のいずれも行わず，申し込みがあれば誰にでも送信する場合や，
承認や公開範囲の設定が多数に向けられたものであれば，実際には，1人
の人か，ごく少数の特定人が閲覧しただけという場合でも，「不特定人」
である「公衆」に向けた送信をしたことになります。

　「特定多数人」の場合も「公衆」にあたりますが，どの程度から多数と
されるのかの線引きは明確ではありません。この点，文化庁の「著作権な
るほど質問箱」では，〈「特定多数の人」を「公衆」に含めているのは，
「会員のみが対象なので，不特定の人向けではない」という脱法行為を防
ぐためです。何人以上が「多数」にあたるかはケースによって異なると思
われますが，一般には「50人を超えれば多数」といわれています〉として
います。また，同一マンション内の24世帯への送信を「公衆」送信にあた
るとした裁判例がありますので，参考となります（大阪高裁平成19年6月
14日判決〔選撮見録（ヨリドリミドリ）事件〕）。

〔杉浦尚子〕

Q93　まとめニュース

海外セレブのインスタグラムやツイッターにアップされた写真を，雑誌電子版のまとめニュースのような形で配信した場合，著作権侵害の問題は生じますか。それは引用にあたりますか。

 A　まとめニュースのサイトでの写真の利用の仕方によっては，著作権侵害の問題が生じます。

解説

「電子版のまとめニュースのような形」がどのような形態を指すのかが明らかではありませんが，例えばリンクを張り，リンク先のURLをクリックすると別のサイトに飛び，そこで特定の海外セレブの肖像写真等が展開されるような場合には，特に写真の著作権侵害は生じません。

写真の画像そのものをあなたの運営するまとめニュースのサイトに掲載した場合には，それが著作権法32条1項の引用として認められない限り，写真の著作物の複製権や公衆送信権を侵害するおそれがあります。どのような利用の場合に「引用」にあたるかはQ20をご確認ください。

なお，本件とは違い，違法にアップロードされたコンテンツをインラインリンクの方式で張り付けるなど，リンクの張り方によっては問題が生じることがあります。その詳細についてはQ74を参照してください。

〔杉浦尚子〕

Q94　スナップチャット

Q93の海外セレブのインスタグラムやツイッターにアップされた写真がスナップチャットにアップされた場合，著作権侵害の問題は生じますか。

 著作権侵害を免れるとは考えにくいです。

解説

スナップチャットとは，米国発の写真や動画等の画像共有のSNSです。例えば，肖像写真に犬の鼻や耳のイラストを加工することなどができます。また，画像の発信者は，受信者の開封後に受信者の端末内の写真データが自動的に消去される時間（例：5秒）を設定することができます。

画像データが閲覧後自動的に消去される設定が可能とはいっても，スナップチャットでは他方で画像を長期間閲覧可能とする設定もでき，また，消去されたデータも完全に永久に消去されるわけではなく画像データは復元不可能ではないともいわれています。したがって，スナップチャットの利用とはいえ，写真の著作物データをサーバーに複製した時点で著作権のうち複製権侵害は成立し，また公衆送信権侵害も成立します。

とはいえ，受信者の手元でデータが数秒で消えるという特性によって，損害の事実が見逃されたり，損害額の認定を抑える方向で影響を及ぼすことはあるかもしれないと個人的には考えます。

なお，Q23に示したような著作権法の私的複製の例外規定の適用を受け，かつ公衆送信の「公衆」への送信とは認められない場合にあたるのであれば，著作権侵害が成立しないこともあります。

〔杉浦尚子〕

Q95　書籍の写真

　　個人のブログ内で書籍（表紙には絵が書かれています）の批評をす
る際，①書籍を開いた状態で中身を撮影して載せてもよいでしょうか。
②表紙を載せるだけなら大丈夫でしょうか。

A　どちらも引用の要件を満たせば問題ありません。

解説··

1　①について

　　前提として，書籍を開いた状態で中身を撮影する行為は，言語の著作物
である書籍の複製行為となります。また，これをサイト上に載せる行為は
自動公衆送信となります。したがって，これらの行為を著作権者に無断で
行うことは，原則として違法となります。

　　もっとも，本件では，問題となる利用行為が，書籍の批評をするために
なされています。そのため，引用にあたり，例外的に適法となる可能性が
あります。引用の要件の一般論についてはQ20に譲りますが，具体的に
は，その書籍がすでに公表されたものであって，書籍の評釈と内容とが明
確に区分されており，そのうち評釈がメインになっていて，かつ，出所が
きちんと明示されている場合には，どの要件に沿って判断したとしても，
引用として認められることが多いものといえます。

2　②について

　　書籍の表紙を撮ってサイトに載せる行為は，書籍の中身とは別に，美術
の著作物である表紙の複製および自動公衆送信となってしまいます。した
がって，①の場合と同様に，引用の要件を満たさない限り，それらの行為

は違法となります。

　そこで，それらの利用行為が引用の要件を満たすかどうかについて考えてみると，本件でブログ運営者が行おうとしているのは，書籍の内容の批評であり，書籍の表紙の批評ではありません。そうすると，①とは異なり，対象物そのものを評釈しているわけではありません。

　もっとも，書籍の表紙のデザインは，その書籍の内容と密接な関係を有しており，多くの場合，その内容から生じるイメージを表すために作成されています。また，表紙を載せたほうが，引用の対象を視覚的に示すことができ，批評として有用となる場合があることも否定できません。

　したがって，表紙の引用も，1で述べたような引用の要件を満たせば，適法になるものと考えてよいでしょう。

〔宮澤真志〕

Q96　キャラ弁と著作権

　家族用に自分で作ったキャラ弁の写真をSNSに上げてみんなに自慢したいと思います。何か問題は生じますか？

A　著作権侵害となる場合があります。

解説

　この質問には，大きく分けて2つ問題があります。それは，キャラ弁自体の問題と，それを撮った写真の問題です。ここでは，両者を分けて考える必要があります。

1　キャラ弁自体に関する問題点

まず，キャラ弁自体の問題から考えていきましょう。漫画やアニメのキャラクターの形状をしたお弁当，いわゆるキャラ弁は，そのモチーフとなったキャラクターとの同一性が明らかに認められるときは，キャラクターの絵の著作物の複製または翻案にあたります。

したがって，原則として，著作権者に無断でこれを作ることはできません。

もっとも，これを家庭や学校，職場などの場において自分で食べるために作る分には，私的使用のための複製または翻案にあたりますので，この場合は問題ありません（著30条1項柱書・43条1号）。

2　キャラ弁の写真に関する問題点

では，自分で作ったキャラ弁を写真に撮る行為はどうでしょうか。これも単に，自分や家族のアルバムに保存しておくために撮影する場合には，私的使用の範囲内として，認められるでしょう。

しかし，撮った写真をSNSに上げた場合には，写真を上げる行為が自動公衆送信にあたりますので，私的使用の規定が適用できません。また，この場合は，引用による利用というのも難しいと思われます。したがって，この場合は，自動公衆送信権の侵害により違法といわざるを得ません。

これは，写真を上げたSNSが親しい友人にのみ公開されているものであっても同じです。なぜなら，このSNSを見ることができる親しい友人は，1人や2人ではなく，多数人と評価される可能性が高いからです（「公衆」の定義については，Q92を参照してください）。

したがって，キャラ弁の写真をむやみにSNSへ上げる行為は，避けたほうがよいでしょう。

〔宮澤真志〕

Q97　レシピと著作物

当社で運営しているレシピサイトに掲載したレシピが，人気料理家のレシピと似ていると指摘されて困っています。料理のレシピにも著作物性は認められるのでしょうか。

 A　認められることがあります。

解説

　一般的に，料理のレシピそのものは，その料理に必要となる材料やその分量，簡単な調理手順を記載するものです。これは，レシピを見た人が全員同じ料理を作れるよう表現されたものですから，誰が作成してもありきたりな表現になることが多いです。したがって，そのような表現には著作物性が認められないことが多いでしょう。これは，その料理がオリジナルのものであっても同じです。

　ただし，調理手順をわかりやすくするために，文章によってその工程を説明するようなレシピの場合には，その文章について著作物性が認められることがあります。

　また，調理手順の説明のためにキャラクターのイラストが入っている場合や，料理の写真が付けられている場合などは，そのイラストや写真に別途創作性が認められ，著作物性が認められる場合があります。

　これらの場合に，著作物である文章やイラスト，写真などを無断で使用しないように注意が必要です。

〔宮澤真志〕

Q98　建築物と保護期間

　京都にある平安時代創建のお寺の外観写真を当社のウェブサイト上に掲載したいと思います。その際，そのお寺に無断でサイトに掲載してもよいのでしょうか。

　また，このお寺の中には，建立当時に作られた古美術品である宝物があります。鑑賞券を買って中に入り，この宝物の写真を撮った場合，当該写真をサイトに掲載してもよいのでしょうか。

　外観写真は掲載が認められますが，宝物の写真の掲載は認められないことがあります。

解説

1　外観の写真

　この質問では前提として，問題となる建物に著作物性があることとしますね。そうすると，一般に著作物性がある建物の写真撮影やサイトへの掲載行為は，複製および自動公衆送信として，著作物の利用行為にあたります。したがって，著作権者に無断でこれらの行為をすることは，原則として，違法となります。

　もっとも，本問のお寺は平安時代に建立されたかなり古いものであり，著作者が亡くなってから70年以上経過していることになります。そうすると，本問の建物は，著作権の保護期間がすでに経過していますから，著作権が消滅していることとなります。

　したがって，写真撮影による複製およびサイトへの掲載による自動公衆送信は，著作権者の許諾なしに自由に行うことが可能です。

　なお，仮に本件の建物に著作権があるとしても，質問にあるような写真

の掲載は，著作権法46条により適法になります（Q99参照）。

2　宝物の写真

　では，お寺の内部にある宝物を写真撮影する行為については，どのように考えられるでしょうか。

　宝物は古美術品ですから，美術の著作物にあたります。もっとも，この宝物はお寺の建立当時に作られたものですから，著作権の保護期間は経過していることになります。すると，本問の宝物は，著作権の保護期間切れにより，すでに著作権が消滅していることとなります。したがって，そもそも当該宝物には著作権がないこととなり，著作権法上は，宝物の複製等の利用行為を自由に行うことが可能です。

　ただし，お寺の内部にある宝物は，参拝の際の契約事項として，あらかじめ写真撮影や写真の公開が禁止されていることがあります。この場合，写真撮影および写真のサイトへの掲載は，お寺との契約違反となりますので，お寺から損害賠償請求をされる可能性があることに注意しましょう。

〔宮澤真志〕

Q99　建物と著作物

　当社のウェブサイトにイメージ画像として，近隣に新築された，近未来を思わせる特徴のある建物の写真を載せようと考えています。写真を撮ってサイトに載せる場合，建物の著作者の著作権を侵害するのでしょうか。

> **A**　侵害しませんが，不正競争防止法や不法行為にあたる可能性があ
> るので，ウェブサイトに載せることは避けたほうがよいでしょう。

解説

　まずはオフィスビル自体に著作物性があるかが問題となります。

　一般に，裁判例は，建築物に著作物性が認められるためのハードルを高く設定しています。ある裁判例では，グッドデザイン賞を受賞したモデルハウスの著作物性が問題となりましたが，裁判所は，著作物性が認められるためには，造形芸術としての美術性を備えることが必要としました。具体的には，一般住宅の建築において通常加味される程度の美的創作性を上回り，居住用建物としての実用性や機能性とは別に，独立して美的鑑賞の対象となる必要がある等と判示し，結局，モデルハウスの著作物性を否定しています（大阪高裁平成16年9月29日判決）。

　本件では，近未来を思わせる特徴があるとのことですが，これが造形芸術というレベルのものでない場合には，建築物の著作物性がないので，この写真を載せることは可能です。

　仮に，著作物性が認められた場合はどうでしょうか。この場合でも，著作権の制限規定である著作権法46条によりオフィスビルの写真を利用することができます。

　ただし，注意が必要なのは，先ほどの結論が著作権法だけを見た場合のものであるということです。本件のような特徴ある建物は，建築主である企業のシンボルとなっていることもありえます。こういった場合，利用の仕方によっては，不正競争防止法違反や民法上の不法行為にあたる可能性があります。そのため，建築主である企業からクレームがつけられるなど，トラブルになる可能性がありますので，利用は控えるのがよいでしょう。

〔宮澤真志〕

Q100　モニュメント

公園に置かれていたモニュメントを撮影した写真を自社のウェブサイトの背景に載せたいと思います。この場合に著作権者の許諾は必要なのでしょうか。

 許諾を得る必要はありません。

解説

　まず，モニュメントを写真に撮る行為は，複製に該当する（著2条1項15号）ので，モニュメントの著作権者の許諾がなければ，原則として複製権侵害となります。

　もっとも，美術の著作物で屋外の場所に恒常的に設置されているものについては，著作権者の許諾なしで自由に利用することが認められています（著46条）。そのため，本件においても同条による救済がされないかが問題となります。

　著作権法46条は，美術の著作物で屋外の場所に恒常的に設置されているものについては，一定の場合（同条各号）を除き，どんな方法でも利用することができるものとしています。写真撮影はここでいう「一定の場合」にあたらないので，本件では専ら「屋外の場所」に「恒常的に設置」されているかという問題になります。

　同条の「屋外の場所」とは，街路・公園のように，不特定多数の人が見ようとすれば自由に見ることができる広く開放された場所と解釈されます。また「恒常的に設置する」とは，社会通念上，ある程度の長期にわたり継続して，不特定多数の者の観覧に供する状態に置くことを指すと解釈され，設置の際に，撤去が予定されていない場合には，「恒常的」といってよい

とされます。

　本件の「公園に置かれていたモニュメント」については，設置時に撤去が予定されているものでない限りは，「屋外の場所」に「恒常的に設置」されていたといえます。したがって，これを写真撮影することは，著作権法46条により自由にできるものといってよいでしょう。

〔宮澤真志〕

Q101　美術品販売時の画像利用

　当社が運営しているウェブ上のショッピングモールにおいて，美術品の販売をしています。商品を紹介するために商品画像を利用したいと思っていますが，この場合，美術品の権利者の許諾は必要なのでしょうか。

 法令に定める一定の措置を講じるならば，許諾は必要ありません。

解説

1　ウェブサイトにおける商品画像の利用

　ECサイトなど，インターネットを介した売買が広く行われるようになった今日において，ウェブサイトに商品紹介用の画像を掲載する行為が著作権侵害にあたるとすると，美術品や写真の売買が難しくなってしまいます。そのため，著作権法47条の2では，美術や写真の著作物の原作品または複製物を譲渡または貸与するために，これらの著作物について，複製したり，ウェブサイトへの掲載などの公衆送信（自動公衆送信）をしたりする行為は，一定の措置を講じることを条件として，適法となるとされています。

　本件のような公衆送信の場合，上記の一定の措置については，法令上，

次のように定められています。

2　複製防止手段を用いない場合

　複製防止手段（いわゆるコピープロテクション）を用いずに自動公衆送信する場合には，次に掲げる基準のいずれかを満たす必要があります（著令7条の2第2号イ，著規4条の2第2項）。

> ①　画素数が32400以下であること
> ②　表示の精度が，著作物の原作品または複製物の譲渡または貸与の申出のために必要な最小限度のものであり，かつ，公正な慣行に合致するものであると認められること

3　複製防止手段を用いる場合

　複製防止手段（いわゆるコピープロテクション）を用いて自動公衆送信する場合には，次に掲げる基準のいずれかを満たす必要があります（著令7条の2第2号ロ，著規4条の2第3項）。

> ①　画素数が90000以下であること
> ②　表示の精度が，著作物の原作品または複製物の譲渡または貸与の申出のために必要な最小限度のものであり，かつ，公正な慣行に合致するものであると認められること

〔宮澤真志〕

Q102　ネットオークションと画像利用

　ネットオークションやフリマアプリで本を売る際に，自分で撮った表紙の写真をウェブ上にアップすることは問題ありますか。

A 法令に定める一定の措置を講じるならば，問題ありません。

解説

　Q101で述べたように，ネットオークションや通信販売において，販売したい商品（ただし，美術品，写真に限ります）の写真をウェブに上げることは，法令の定める措置を講じる限り，著作権者の許諾なくできます（著47条の2）。そして，本を売る際に，その表紙だけを写真に撮ってアップする行為にも，この条文の適用があるとされます。

　したがって，このような行為も，法令の定める措置をとれば許されることとなります。法令の定める措置については，Q101を参照してください。複製防止手段を用いるかどうかで，法令の定める措置に違いが生じます。

　なお，この規定の保護対象は，美術品等の「譲渡又は貸与」だけです。そのため，譲渡や貸与ではなく，公衆送信をする場合は適用されないとされています。

　例えば，電子書籍の販売は譲渡や貸与ではなく，書籍を公衆送信することですから，書籍の表紙をアップする行為に対しては，この規定による保護は及ばないこととなります。この点には注意しましょう。

〔宮澤真志〕

(5)　画像一般

Q103　ウェブで公開されている写真

　他のインターネット上の記事などにアップされている画像であれば，すでに公開されているので，当社のウェブサイトに転用して載せることも問題ありませんか。

A 引用の要件を満たさない限り，画像の著作権者の許可を得て，利用する必要があります。

解説

　本件の「画像」の具体的な内容が明らかではありませんが，「画像」に著作物性が認められることを前提に説明しますね。著作物性の詳しい説明は，Q1を参照してください。

　では，画像がウェブサイトに公開されていることを理由に，著作権者の許諾なく利用することはできるでしょうか。答えは，NOです。

　ウェブサイトに画像を公開するということは，第三者がその画像を自由に見ることを認めているだけです。それ以外の，コピーやインターネットで配信するなどの方法での利用まで認めているわけではありません。ウェブサイトに掲載されている画像でも，それを利用するためには原則として著作権者から許諾を得る必要があります。

　もっとも，自社のサイト上での画像の掲載が，「引用」の要件を満たすのなら，著作権者の許諾を得ずに，これを利用できます。引用とは，報道，批評，研究その他引用の目的のために必要な範囲内で他人の著作物を自己の著作物の中で利用することを認める規定です（著32条1項）。引用にあたるかどうかの判断基準については，Q20をご参照ください。

　なお，ご質問からは少し話がそれますが，クリエイティブ・コモンズという国際的非営利組織が一定のルールに従うことを条件に自由に利用できる著作物を大量にウェブサイト上で公開しています。詳しくは，Q91をご参照ください。

〔近藤美智子〕

Q104 職務著作

当社のウェブサイトには，社員の撮った写真や社員が描いたイラストを載せています。自社の社員が制作した作品ですから，わざわざ許諾を取る必要はないですよね。

 A 社員が個人的に制作した作品であれば，当該社員の許諾が必要です。

解説

著作物を実際に作った人が著作者となるのが通常です。

しかしながら，会社に勤務している社員が業務報告書やプレゼン資料を作成している場合などを考えてみると，このような場合にも作成した従業員が著作者となってしまうと，会社は折角給与を支払って社員に作ってもらったにもかかわらず，その社員の許諾がないと資料の利用が難しいという状況に陥ってしまいます。

このような場面について，著作権法は，以下の①～④がすべて揃っている場合には会社が著作者になると定めています（「職務著作」と呼ばれています）。

---

① 法人等の発意によること
② 法人等の業務従事者によること
③ 職務上の作成であること
④ 法人等の著作名義で公表していること

例えば，先ほど取り上げた業務報告書やプレゼン資料などは，この職務著作の典型例です。

　そのため，これらの資料を会社が使用するにあたって著作権侵害といった点を気にする必要はありません。

　他方で，今回のご質問は「社員の撮った写真」や「社員が描いたイラスト」を自社ウェブサイトに掲載されているとのことです。

　これらは，社員が個人的に作成したものの掲載であれば，会社から作成するよう指示があったわけではなく（上記①に該当しません），会社の業務として作成したものでもない（上記③に該当しません）ので，職務著作とはなりません。

　そのため，社員が著作者となり，無許諾でウェブサイトに掲載した場合は著作権侵害（複製権と公衆送信権の侵害）となります。

　もちろん，会社の業務として作成した写真やイラストであれば職務著作となりますので，作成状況について十分にご検討ください。

〔廣瀬貴士〕

コラム⑨

フリー画像はフリーじゃない!?

　どんな画像であっても通常は作成者に著作権が発生しますので，画像を無断でブログなどに利用すれば著作権侵害となります。

　他方で，インターネット上では「フリー素材」と呼ばれる画像が提供されています。

　これは，画像の提供者がその利用について限定的な許諾や放棄をして提供しているもので，あらかじめ利用許諾（または著作権の放棄）がされていますので，この画像を利用することで著作権侵害となることはありません。

　ただ，「フリー素材」の提供者は，通常は利用規約を定めて，利用規約に従った利用方法のみを認めていますので，この点は注意が必要です。

　「フリー素材」の提供者は，その画像の利用を認めていますが，それはあくまで規約に従った利用に限定されていますので，規約から外れた利用を行った場合

には，改めて無断での著作物の利用として著作権侵害となる可能性があります。
「フリー素材」と聞くとどんな利用でも許されてしまうと思い込んでしまいそうですが，多くの場合は利用方法が限定されていますのでご注意ください。

〔廣瀬貴士〕

2　肖像権の問題

Q105　イベント写真

当社主催のイベントの写真をウェブサイト上に掲載したいと思っています。そこには一般参加者が写っているのですが，その人たちから事前に許諾を得る必要がありますか。許諾を得ないで載せるならば，どのような工夫を凝らす必要がありますか。

 A 個人が特定されないようボカシを入れるといった対応があります。

解説··

誰でも無断で自分の姿態等を撮影され，公表されない権利があり，これは「肖像権」と呼ばれています。肖像権の詳細については，Q27〜Q33を参照してください。

ご質問いただいているケースですが，写り込んだ一般参加者が誰か特定できないようであれば肖像権の侵害とはなりませんが，写り込んだ一般参加者が誰か特定できるような場合は肖像権の侵害となる可能性があります。

そのため，まずは写り込んでいる一般参加者が誰か特定できるように

なっているかご確認ください。

　誰か特定できるような場合についてですが，この場合には写真の一般参加者の顔にボカシを入れて特定できないようにするといった対応が考えられます。

　ボカシを入れることで写真に写っている人物が特定できないようであれば肖像権の侵害はなく，ウェブサイト上の掲載にも特段問題はなくなります。

〔廣瀬貴士〕

Q106　SNS写真

　知人の写っている写真を無断でSNSに掲載してしまいました。SNSの設定が「公開」「友達のみ」「メール名簿でつながっている友達のみ」などによって，肖像権侵害の成否に違いはありますか？

A 設定にもよりますが，違いが出てくると考えられます。

解説

　誰でも無断で自分の姿態等を撮影され，公表されない「肖像権」という権利があることは，Q105で述べました。

　ただ，他人がわずかにでも写り込んだ写真のすべてが違法となるわけではなく，判例では「社会生活上受忍すべき限度を超える」ときに初めて肖像権の侵害になるとしています。

　ご質問のケースのように，友人を撮影した写真を特に承諾なくSNSに掲載することが非常に多いように思いますが，先ほど述べたとおり，それだけで肖像権侵害となるわけではなく，その写真の内容や掲載状況が「社会

生活上受忍すべき限度を超える」ときに肖像権の侵害となります。

　ところで，SNSは，インターネット上で一般に公開されるだけでなく，友人など特定の人物のみへの公開，自分であらかじめ承認した人物が掲載されているリスト内のみの公開など，公開範囲を限定する設定ができます。

　このような限定公開でも肖像権侵害の余地がなくなるわけではありませんが，例えば，写真に写っている友人だけに限定して公開するような場合には肖像権侵害となる可能性はまずなくなります（そもそも，このような限定公開であれば承諾されていることが大半とは思います）。

　他方で，限定公開をしていても，公開している人物が数百人と非常に多く，写真に写っている友人とは無関係な人物が多数含まれている場合には，一般公開とほとんど変わらない状況であり，限定公開をしているという事情が肖像権の侵害の有無に与える影響は非常に小さくなります。

〔廣瀬貴士〕

Q107　未成年の写真利用

　幼稚園児から高校生までの未成年が所属する団体に所属しています。団体の活動をアピールするため，ウェブサイト上にみんなが写った写真を載せたいと思いますが，この場合，誰から許諾を得る必要がありますか。

　未成年者の親などの法定代理人と未成年者の双方から許諾をとることが安全です。

解説
　肖像権は本人が持つ権利ですので，肖像権の使用許諾を得る場合にも本

人から許諾をもらうのが基本です。

　ただし，本人が未成年者である場合には，その法定代理人からの許諾が必要となります。また，例えば高校生などの年齢となっている未成年者の場合には，その未成年者からの許諾もとっておいたほうが安全でしょう。

　なお，上記の「法定代理人」は通常は未成年者の親権者である親ですので，親から許諾を得るようにしてください。

〔廣瀬貴士〕

3　パブリシティ権の問題

Q108　「ブログ」への掲載

　有名人Aのファンブログを開設しています。そのブログにAの写真を掲載するのはパブリシティ権侵害となりますか。

 写真の量やサイズ，解像度等によってはパブリシティ権侵害にあたる場合もあります。

解説

　Q42に記載のとおり，パブリシティ権侵害は「専ら肖像等の有する顧客吸引力の利用を目的とするといえる場合」に成立するとされています。

　この要件に該当する場合として，最高裁判決は①肖像等それ自体を独立して鑑賞の対象となる商品等として使用し，②商品等の差別化を図る目的で肖像等を商品に付し，③肖像等を商品等の広告として使用するなど，という3つの類型を示していますが（最高裁平成24年2月2日判決），ファンブログは「商品」ではないので①〜③の類型そのものにはあたらないと

考えられています。ただ，①〜③では商品等，③にも「使用するなど」と示されていることから，専ら基準が示す①〜③の類型には当てはまらない場合であっても，①〜③の類型に匹敵するような場合には侵害が成立する場合があると考えられます（下線は筆者挿入）。

例えば，有名人の肖像写真がブログに多数掲載され，これがブロマイド等として利用されるような実態があり，肖像写真が極めて多数にのぼり，肖像写真をブロマイド等として販売する本人等の営業上の利益を実際に害するような場合には，パブリシティ権侵害の問題となる可能性があると考えられています。

本書での以下の質問はウェブサイトやブログに有名人の肖像を掲載する場合のものですが，このようにQ42の「専ら基準」①〜③の類型そのものとはいえないまでも，これらに匹敵するような使用がされているかを含めて検討することにします。

〔杉浦尚子〕

Q109　似顔絵の掲載

有名人の似顔絵を自分で運営するウェブサイトに載せる場合，何か問題が生じますか。どのような形で問題回避すればよいのですか。

A 著作権侵害の問題が生じることがあります。通常は考えにくいですが，特別な場合にはパブリシティ権侵害，肖像権侵害の問題が生じることもあります。

解説……………………………………………………………………………………………

1　著作権侵害の問題

　似顔絵があなた以外の第三者が作成したものである場合，これを無断であなたのウェブサイトに載せる行為は，似顔絵の著作権者の著作権（複製権，公衆送信権）の侵害となりえます。

　また，あなた自身が作成した似顔絵であっても，有名人の写真などからそっくり描き写した場合，写真の著作物の著作権者に対する著作権侵害となることがあります。

2　パブリシティ権侵害の問題（Q42参照）

　あなたのウェブサイトの内容が例えばあなたの日常生活や趣味などについて記載したもので，その一部に有名人の似顔絵を載せた場合，パブリシティ権侵害の問題は発生しません。

　ただ万一，その似顔絵が写真の機械的コピーのようにそっくり描き写したかのように精巧で，画質や写真サイズからも，有名人の肖像を鑑賞するものとして有名人のブロマイドやグラビア写真に匹敵する程度のものであり，さらに，似顔絵に関する記載がほとんどないような場合，有名人のその似顔絵は「独立の鑑賞の対象」であるとされ，Q42の最高裁判例が示した「専ら肖像等の有する顧客吸引力の利用を目的とするといえる場合」にあたる3つの具体的類型のうち，①の「肖像等それ自体を独立して鑑賞の対象となる商品等として使用」として，パブリシティ権侵害となる可能性が出てきます。

　この問題を回避するためには，似顔絵を写実的でないものにすること，画質や似顔絵のサイズを抑えることや，似顔絵に関連する記事を記載するなどして，似顔絵にしめされた有名人の肖像のみが「独立の鑑賞の対象」とならないようにすることなどが考えられます。

　また，似顔絵の質が有名人の肖像を鑑賞するものとしてグラビアに匹敵するほどではない場合でも，ウェブサイトが1人の有名人の似顔絵ばかりで占められ，それ以外（テキストや別の画像等）の内容がほとんどない場合は，Q42で示した上記3つの類型のうち「②商品等の差別化を図る目的で肖像等を商品に付し」た場合の例とされる，「キャラクター商品」にあたる可能性がでてきます。

　この問題を回避するためには，ウェブサイト全体の他の部分に，あなたなりの有名人の活動説明や描写，評釈，感想を載せたり，その有名人以外に関する記載や内容を盛り込むことなどが考えられます。

　なお，あなたのウェブサイトが「商品」そのものとはいえなくても，パブリシティ権侵害が成立することもあることについては，Q108をご確認ください。

3　似顔絵の写実性の程度とパブリシティ権侵害の成否

　個人的には，使用される似顔絵に描き手自身の技巧や肖像の一部のデフォルメや省略・タッチ等の描き手の個性が含まれ，肖像写真の機械的なコピーのような精巧な描き写しから離れるほど，利用者は描き手の個性（創作性）に吸引されることになるので，パブリシティ権侵害を回避する方向に働くと考えます。

　反対に，有名人の写真を機械的に描き写したような場合は，似顔絵は人物識別情報として本人を示す要素が大きくなり，描き手による新たな創作性の付与は少なくなるので，侵害が成立しやすくなると考えます。

4　肖像権侵害の検討

　なお，似顔絵が写真の機械的コピーのようにその有名人の容貌・姿態を写実的に描くようなものである場合は，肖像権侵害の問題となる可能性が

あります。ただし，著名人の肖像権は一般人のそれよりも制約されている
といわれています。

〔杉浦尚子〕

Q110　SNSアイコンへの利用

SNSのプロフィールにキャラクターや芸能人のアイコンを使うこ
とに問題はありますか。

 A　事実上見過ごされ問題視されない場合もありますが，状況次第で
下記のような権利侵害や，違法行為となる可能性があります。

解説

1　芸能人の肖像をSNSのアイコンに使う場合

アイコンという言葉はいろいろな意味で使われるようですが，ここでは
あなた自身の情報を示すプロフィール画像という意味と考え，お答えしま
す。芸能人の画像をアイコンに使用する例は少なくなく，違法性が軽微な
場合として事実上見過ごされることもあるようです。

しかし，芸能人の肖像写真の利用がなりすまし行為にあたり，そのなり
すまし行為によって当人の社会的評判の低下を招いたり，イメージの悪化
などで業務妨害となる場合は，刑事罰としての名誉毀損罪や業務妨害罪に
あたる可能性もあり，民事事件としても名誉毀損等の不法行為にあたる可
能性があります。

なりすましをされていた女性がFacebookに情報開示を求めたところ，
東京地裁がIPアドレスの開示を命じる判決をした例もあり，身元を特定さ
れたうえで罪に問われる可能性もあります。

　パブリシティ権侵害については，Q42の最高裁による「専ら肖像等の有する顧客吸引力の利用を目的とするといえる場合」を具体化した3つの類型のうち①類型の「独立の鑑賞の対象」の基準については，アイコンはサイズが小さいので，通常はこれにはあたらないでしょう。

　仮にあなたのSNSの内容が企業活動の広告や，商品やサービスの広告であるような場合には，③類型の「肖像等を商品等の広告として使用する」場合に匹敵するとされる可能性があります。

　SNSの内容があなたの私的な日記のようなものである場合には，パブリシティ権侵害の問題は生じないと考えます。

　なお，芸能人の肖像権侵害，写真の著作物の著作権侵害も場合によっては問題となりえます。

2　キャラクターをSNSのアイコンに使う場合

　キャラクターのアイコンには，パブリシティ権侵害の問題は生じません。パブリシティ権は各人がその人格に由来して持つ権利ですので，現時点ではキャラクターや物には生じません（Q41参照）。ただし，著作権侵害，不正競争防止法，商標法等違反の成否は別に検討する必要があります。

〔杉浦尚子〕

Q111　隠し撮り写真の掲載

　芸能人の私生活を隠し撮りした写真をサイトに載せた場合，パブリシティ権侵害になりますか。

A 写真の量・解像度やサイズ，サイト全体の内容により，パブリシティ権侵害になる場合があります。

解説

1　侵害成立の危険がある肖像写真の掲載方法

　下記のような場合には，Q42の最高裁による「専ら肖像等の有する顧客吸引力の利用を目的とするといえる場合」を具体化した3つ類型のうち①類型の「独立の鑑賞の対象」か，②類型の「商品等の差別化を図る目的で肖像等を商品に付し」た，に匹敵するとされ，パブリシティ権侵害が成立することもあります。

> ・写真のサイズや画質などから芸能人の肖像それ自体を鑑賞するものとして，ブロマイドやグラビアに匹敵し，肖像写真以外のサイト内の記載が写真の添え物に過ぎないような場合
> ・サイト上の写真がブロマイドとして利用される社会的実態があるような場合
> ・肖像写真をブロマイド等として販売する本人等の営業上の利益を実際に害するような場合　など

2　関連裁判例

　参考判例として「ブブカスペシャル7事件」という芸能人やアイドルのスクープ写真を集めた雑誌に関して，複数のアイドル等がパブリシティ権侵害を主張した事件があります。

　この雑誌では，隠し撮りをした芸能人の学生服姿や私服姿等を写すオフの写真を掲載したり（後記参考の例①②），「お宝発掘写真館」という表題等のもとに，知名度が低かった当時の芸能人の写真などを掲載しました（同例③④⑤）。各肖像写真に関連する記事の分量や内容には差があり，短いコメント程度のものもありました。

　この判決はQ42の最高裁判決（平成24年2月2日〔ピンク・レディーdeダイエット事件〕）より前に下されました。第一審判決は，一部の肖像

写真の利用についてパブリシティ権侵害の成立を認めました。

　また高裁判決は，一審よりも広くパブリシティ権侵害の成立を認めました。

　写真に添えられた記事には，読者の性的関心を引く下世話なコメントもありましたが，高裁判決では下世話なテキスト部分は表現として守る価値が低いと判断しました。そのため，高裁では「出版社側の表現の自由」と「有名人のパブリシティ権」という対立構造の中で，パブリシティ権侵害の成立範囲が第一審判決よりも広がりました。つまり，高裁は，第一審判決よりも多くの写真について，その使用がパブリシティ権侵害になると判断しました（「ブブカスペシャル7事件」東京地裁平成16年7月14日判決，東京高裁平成18年4月26日判決，最高裁平成20年10月15日判決（出版社側の上告棄却判決で確定））。

　ただし，現在は，写真に関連して掲載された記事の内容が下世話なものか正当な芸能活動への批評かは，パブリシティ権侵害の成否に影響しないと考えられています。

　そのため，仮にQ42の最高裁判決の示したパブリシティ権侵害の成立基準「専ら肖像等の有する顧客吸引力の利用を目的とするといえる場合」の①の類型をブブカスペシャル7の該当部分に当てはめる場合には，ブブカ事件の高裁判決より，パブリシティ権侵害にあたるとされる肖像写真は少なくなるだろうと考えます。

＊

　なお，芸能人の私生活を隠し撮りしたとのことですので，写真をサイトに載せた場合，プライバシー権，肖像権侵害の問題にもなります。

参考

○：パブリシティ権侵害の成立が認められた写真等
×：パブリシティ権侵害の成立が否定された写真等

例①

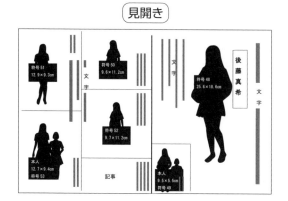

地裁：○

「符号48～53の写真は，原告後藤の私服で休暇中の姿を紹介する記事の一部に使用する形式は採っているものの，文章部分は極めて少なく，25.6cm×18.6cmの大きさの符号48の写真を中心に6枚の写真を見開き2頁のほぼ全面に掲載しているものであるから，同写真の使用の態様は，モデル料等が通常支払われるべき週刊誌等におけるグラビア写真としての利用に比肩すべき程度に達しているものといわざるを得ない」

高裁：○

地裁類似の判断

例②

「ブブカスペシャル7」株式会社コアマガジン（平成14年6月）

地裁：○

「コメントは付されているが，いずれも短いものである」「写真についての
　コメントのほか，ドラマへの出演や映画で出演が決定した旨が記載され
　ているが，文章部分の占める大きさは，1頁の15％程度である」

「符号70〜74の写真は，原告深田の通学中の姿を紹介する記事の一部に使
　用する形式を採ってはいるものの，文章部分は極めて少なく，25.6cm×
　20.9cmの大きさの符号70の写真を中心に5枚の写真を見開き2頁のほぼ
　全面に掲載しているのであるから，写真の使用の態様は，モデル料等が
　通常支払われるべき週刊誌等におけるグラビア写真としての利用に比肩
　すべき程度に達しているものといわざるを得ない」

高裁：○

　地裁類似の判断

例③

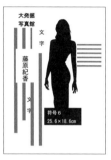

地裁：×　高裁：○

例④

地裁：×　高裁：○

例⑤

地裁：×　高裁：○

地裁「符号6，及び75～77の写真は，全体として，現在は大変な売れっ子
となった原告藤原の売出し中の活動歴を紹介する記事の一部となって
いるものであるから，前記本件雑誌の構成や符号6及び75の写真が大
きいものであることを考慮しても，同原告の顧客吸引力に着目し，専
らその利用を目的とするものであるとまでは認められない」

高裁「符号6，75～77の写真の掲載は，いずれも一審原告藤原の過去の芸
能活動の紹介という形式を取っているものの，見出しには『藤原紀香』
の文字が大きく記載されており，また，その記述は，読者の性的な関
心を呼び起こさせる不当な内容であり，これらの写真の大きさや記述
内容からすると，一審被告らは，一審原告藤原の高い顧客吸引力に着
目の上本件雑誌販売による利益を得る目的でこれらの写真（肖像等）
を利用したものと認められる」

例⑥

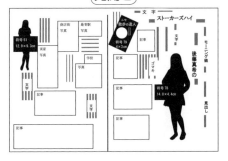

見開き

「ストーカーズハイ」と題して原告後藤の実家を探し出す記事。

原告の肖像写真のほか，最寄駅，通学した中学校，商店街，実家の店構え写真も掲載。

地裁：×

本人の写真は「実家を探し出すという文章が主な記事の一部として使用された」ので「専ら」にあたらない。

高裁：○

これらの記事は「芸能活動に関する正当な紹介や批評に該当するとは認められない」

（「　」内は判決より）

例⑦

見開き

川村17.3×12.5cm　後藤15×7.3cm

新山7.2×5.8cm　堀越8.1×7.2cm　平山10.7×7.3cm

「ブブカスペシャル7」株式会社コアマガジン

地裁：5名すべて×

「写真はやや品位に欠ける面があるとしても，女性アイドルの腋の下の美
　しさについて論評する記事の一部を成しており，枚数及び大きさも，そ
　の記事に必要な範囲を超えるものではない」

高裁：5名すべて○

「芸能活動の本来の部分についての論評ではない」「読者の性的な関心を呼
　び起こす不当な方法」「表現の自由の名の下に，（略）品位に欠ける記事
　の一部として（略）写真（肖像）が掲載されることを受忍しなければな
　らないいわれは全くない)

〔杉浦尚子〕

Q112　バンドの活動記録とメンバーの写真

　私がこれまで取材してきたバンドの肖像写真を含むバンドの活動記
録をブログに載せたいと思います。これはパブリシティ権侵害になり
ますか。

A ブログ内容の個別判断によりますが，通常は「専ら肖像等の有す
る顧客吸引力の利用を目的とするといえる場合」にあたらず，パ
ブリシティ権侵害にはなりません。

解説

1　例外的にパブリシティ権侵害が成立する場合

　通常，侵害は成立しませんが，例えば次のような場合にはパブリシティ
権侵害となることがあります。

⑴　ブログに掲載する写真のサイズや画質が芸能人の肖像を鑑賞するも

のとしてブロマイドやグラビアに匹敵する質を持ち，活動記録を説明する記事も添え物に過ぎないとき（Q42，Q111参照）。

(2)　上記(1)程の質にいたらなくても，投稿者の記事部分が限られ，有名人の肖像写真が多数アップされて閲覧者によってブロマイドのように利用され，反面正規のブロマイドの販売ルートから得られる本人の利益を害するような場合（Q108参照）。

2　参考裁判例

　参考裁判例として，全182頁の書籍において，英国のロックバンド「キングクリムゾン」のレコードジャケット写真187枚（ただし，メンバーの肖像ではないイラスト等のレコードジャケットの写真が大半），メンバーの肖像写真5枚が使用されたキングクリムゾン事件があります。

　書籍タイトルはバンド名そのもので，レコードジャケットのカラー写真も多用され，視覚的にも凝った書籍でした。一方のテキストも，時代背景を踏まえたアルバムの収録曲の説明，メンバー交代の事情やバンドの活動の軌跡などについて，充実した内容を展開していました。

　一審判決ではパブリシティ権侵害が認容されましたが，高裁では逆転し，侵害は否定されました。高裁判決は，この書籍では肖像写真やジャケット写真の占める比重は大きいが写真を多用したからといって直ちにパブリシティ価値の利用を目的としていると断定することはできない，「多用する目的やジャケット写真以外の記述部分の内容等を全体的かつ客観的に観察して，これが専らパブリシティ価値に着目しその利用を目的としている行為といえるか否かを判断すべき」とし，同書籍はこれに該当しないとしました（東京高裁平成11月24日判決，最高裁平成12年11月9日上告棄却決定で確定〔キングクリムゾン事件〕）。

参考

表紙　　　　　　　　　　　　　　本文1

本文2　　　　　　　本文3　　　　　　　本文4

地球音楽ライブラリー『キング・クリムゾン』（TOKYO FM出版，1995年10月20日）

　実は本件で当虎ノ門総合法律事務所は被告出版社側の代理人を務めました。図らずも同事件は，「ピンク・レディーdeダイエット事件」最高裁判決で採用された「専ら説」の嚆矢（こうし）になった感もあり，当時の手探りでの関係者の主張のやりとりを想い起こし感慨深いものがあります。

〔杉浦尚子〕

Q113 動物の写真

動物園内の有名なパンダの写真を撮り，勝手にその写真を当社のウェブサイト上に載せ，広告宣伝に利用することは許されますか。

A 契約違反として許されない場合があります。

解説

一般に，動物には肖像権が認められず，顧客吸引力を排他的に利用する権利としてのパブリシティ権も認められていないため（Q41参照），動物園の動物の写真を撮って勝手に広告宣伝に利用しても，肖像権やパブリシティ権を侵害することにはなりません。これは，対象となる動物が，上野動物園のパンダなど有名な動物であっても関係ありません。

また，物の所有者には，所有物を使用・収益・処分する権利があります（民法206条）が，これらの権利には，物を有体物として利用する行為のみが含まれ，物を写真に撮ってその写真を利用する行為までを権利侵害の対象とするものではありません。したがって，質問にあるような行為は，所有権侵害にもなりません（東京地裁平成14年7月31日判決参照）。

もっとも，動物園に入園した際は，入園者と動物園との間で，利用契約を締結することとなります。その契約上では，園内の動物の写真撮影について，撮影自体の禁止，撮影した写真のウェブサイトやSNSへの掲載禁止など，様々な禁止事項が規定されています。そのため，園内における写真撮影や，撮影した写真のウェブサイトへの掲載などは，当該契約違反となることがあります。したがって，園内で写真撮影を行う際は，事前に，園内の禁止事項をチェックしておくべきでしょう。

〔宮澤真志〕

4　プライバシー権の問題

Q114　有名人とSNS①　プライバシー権

　街中で有名な俳優と出会ったため，一緒に写真を撮ってもらいました。そのときの写真をインスタグラムに上げようと思いますが，この行為は俳優のプライバシーを侵害するのでしょうか。

　侵害しない可能性もありますが，インスタグラムに載せることの許可を求めるのが無難です。

解説⋯⋯⋯⋯⋯⋯⋯⋯⋯⋯⋯⋯⋯⋯⋯⋯⋯⋯⋯⋯⋯⋯⋯⋯⋯⋯⋯⋯⋯⋯⋯⋯⋯⋯⋯⋯⋯⋯⋯

　俳優のプライベートはプライバシー情報に該当する可能性があります。なお，プライバシー侵害の要件の詳しい内容はQ47を参照してください。

　ただ，俳優は，あなたと一緒に写真を撮ることを許可している以上，近しい友人等に見せることまでは，俳優もわかっていると思いますので，この範囲であれば，了解があるといえることが多いでしょう。ただ，インスタグラムは，インターネットで多数の人が見ることができてしまうので，俳優がそのような多数の人にまで見せてよいと考えているかは明確にはわかりません。インスタグラムが流行しているとしても，俳優がインスタグラムに載せてもよいと考えていたかどうかは明確ではないと思います。

　そのため，俳優にインスタグラムに載せることの了解をとることが無難でしょう。

　なお，名誉を毀損するような態様で投稿することが許されないのは当然です。　　　　　　　　　　　　　　　　　　　　　　　〔福市航介〕

Q115 有名人とSNS② パブリシティ権

Q114の事例でプライバシー権のことはわかりました。ただ，俳優はグッズのための写真撮影などでギャランティを得ているのですから，私が何も支払わずにインスタグラムに上げてよいのでしょうか。

A 基本的にはよいと考えられます。

解説

確かに，俳優はグッズのための写真撮影でギャランティをもらっていますね。これは，俳優にパブリシティ権という権利があるからです。パブリシティ権とは，商品の販売などを促進するような顧客を引き付ける力（これを「顧客吸引力」といいます）のある氏名や肖像などについて，誰の邪魔もされずに利用できる権利です。これの具体的な説明は，Q35を参照してください。

典型的には，有名なアイドルグループのグループ名やそのメンバーの顔写真を付けたマグカップなどを販売したような場合には，パブリシティ権を侵害するとされています。

では，パブリシティ権を侵害する場合とはどういう場合でしょうか。最高裁判所は，平成24年2月2日の判決で，専ら肖像等が持つ顧客吸引力の利用を目的とする場合にパブリシティ権を侵害するとしました。具体的には，①肖像等それ自体を鑑賞の対象となる商品等（グラビア写真など）として使用し，②商品等の差別化を図る目的で肖像等を商品等に付し（キャラクター商品など），③肖像等を商品等の広告として使用する場合がこれにあたるとされています。

今回の場合，自分のインスタグラムの写真に投稿するだけですから，顧

客吸引力を利用する目的はないと思われます。そのため，パブリシティ権侵害も問題とならないと思います。もっとも，例えば，そのインスタグラムが商品等の宣伝などを目的としているために，フォロワーの数を稼ぐことに重要な目的があるとすれば，難しくなってきます。少なくとも，宣伝目的のインスタグラムにおいて，俳優に宣伝の商品を持たせる等して投稿した場合には，パブリシティ権侵害となるように思います。

〔福市航介〕

Q116　写真の公開

　友人宅で行った誕生日会の際に撮った写真をサイトに載せたいと思います。写真を公開することは肖像権との関係で問題はありますか。

A 問題が生じる場合がありますので，写真に写っている友人にサイトへ載せてよいかの許諾をもらうことが安全でしょう。

解説

　人は肖像権を持っており，これにより，みだりに他人から写真を撮られたり，撮られた写真がみだりに世間に公表，利用されたりすることがないよう主張できます。

　肖像権侵害の要件について，判例では「社会生活上受忍すべき限度を超える」ときに初めて違法になるとしていますが（最高裁平成17年11月10日判決〔法廷内写真撮影事件〕），撮影されること等に許諾を得ていた場合には肖像権侵害となりません。

　確かに，誕生日会の際に写真を撮られることについては許諾を得ているものと思いますが，撮った写真をあなたのサイト上にアップロードするこ

とまで許諾しているかどうかはわかりません。本件では，友人宅で行った誕生日会でのプライベートな空間の写真であり，親しい友人間で公開されることが主たる目的であると思われます。サイトに載せるということは，これら友人以外の人にも公開をするものですので，肖像権侵害となりえます。

　ですから，このような場合には，写真に写っている友人にサイトへ載せてよいかの許諾をもらうことが安全でしょう。

〔福市航介〕

文　章

1　著作権の問題

(1)　文章一般

Q117　要約と引用

好きな小説のストーリーをウェブサイト上で紹介しようと思います。その際，要約して紹介しようと思うのですが，作家の許諾は必要でしょうか。

 A どの程度要約するかにより，必要な場合と必要でない場合に分けられます。

解説

　要約は，創作性のある小説のストーリーをもとに，新たな著作物を作成するというもので，「翻案」にあたり得ます（著27条）。著作権法は，引用に際して「翻訳」することを認めていますが，「翻案」することは認めていません（著47条の6第1項3号）。そのため，原則，作家の許諾がなければ，翻案したうえで引用することはできません。

　この点につき，要約による引用は，著作権法47条の6第1項3号により許容される利用態様に含まれ適法であると判断した裁判例が一応あります（東京地裁平成10年10月30日判決〔『血液型と性格』要約引用事件〕）が私は支持しません。要約引用ができない不都合性は認めつつも，現行法の解

釈上は無理なので，立法的に解決すべき問題と考えます。

　要約した文章が翻案の程度を超えた別個の著作物となり上記の問題は解決できますが，作家の翻案権侵害とならないか否かは，要約の程度によることから，その判断は極めて難しいです。そのため，明らかに翻案権の侵害でないといえない限り，事前に弁護士に相談してみるとよいでしょう。

〔真喜志ちひろ〕

Q118　引用の際の修正①

　書籍の一部を引用する際に，送り仮名の変更，句読点の削除などをしてもよいのでしょうか。

A 元の文のまま引用する必要があります。

解説

　著作者は，著作物を「改変」されない権利を有しています（著20条1項）。これを同一性保持権といいます。「改変」とは，著作者の意に反して，著作物の外形的表現形式に増減変更を加えられないことをいいます。例えば，元の文に変更を加えたり，削除したりすると改変にあたります。

　本問のような送り仮名の変更や句読点の削除は，文章の「改変」にあたり，著作者の同一性保持権を侵害することになるため認められません。

　この点につき判断した裁判例に，送り仮名の変更，読点の削除，中黒「・」の読点への変更，改行の変更がやむを得ない改変にあたるとはいえず，同一性保持権を侵害するとされたものがあります（東京高裁平成3年12月19日判決〔法政大学懸賞論文事件〕）。

　著作権法は，引用の際，「やむを得ないと認められる改変」（著20条2項

4号）であれば，一定の改変は認めていますが，本問のような修正は，
「やむを得ないと認められる改変」にあたらないので，注意が必要です。

〔真喜志ちひろ〕

Q119　引用の際の修正②

漫画を批評するブログに，漫画のカットを引用しようと思います。
その際，登場人物の顔にマスキングを施してもよいのでしょうか。

 A 「やむを得ないと認められる改変」（著20条2項4号）といえれ
ば許されます。

解説

　漫画の登場人物の顔にマスキングを施す行為は，著作物の「改変」（著
20条1項）にあたり，原則認められません。例外として，著作権法20条2
項柱書，同項4号は「やむを得ないと認められる改変」を許容しています。
　では，本問の場合，「やむを得ないと認められる改変」といえるので
しょうか。
　本問について，参考になる裁判例（東京高裁平成12年4月25日判決〔小
林よしのり『ゴーマニズム宣言』引用事件〕）があります。同裁判例では，
まず，当該事件において目隠し（マスキング）を「改変」にあたると認定
したうえで，描かれた人物の名誉感情を侵害するおそれがある描写につい
て，目隠しをすることでこれを防ぐことができ，加えて目隠し処理を引用
者がしたことが明示されているという理由から，目隠しは「やむを得ない
と認められる改変」にあたると判断しました。
　そのため，マスキングは「改変」にあたりますが，この裁判例のような

事情がある場合には，「やむを得ないと認められる改変」として許容されます。

〔真喜志ちひろ〕

Q120　一部割愛による引用

　文章の一部を省略して，前後を合わせて引用することはできるのでしょうか。

A 省略していることを明示すれば，引用することができます。

解説

　原著作物に，「わたしはリンゴが嫌いですが，昨日，アップルパイを食べました。」という文章があるとします。これを，「わたしはリンゴが嫌いです」，「昨日，アップルパイを食べました。」とそれぞれ独立に引用したい場合，各引用箇所でそれぞれ引用の要件を満たせば（要するに，前半部分で1回，後半部分で1回の合計2回，適法な引用を行えば）問題なく引用を行うことができます。

　これに対し，本問のように，「わたしは，（略）昨日，アップルパイを食べました。」といったように，中間部分を省略したうえでひと続きの表現として引用する場合は，引用の要件を満たしていたとしても，「改変」にあたるとして，同一性保持権の問題が生じます（Q118参照）。

　しかし，このような場合でも，2カ所の引用箇所が原著作物の中においてある程度近接しているのであれば，引用に際して「（略）」などという記載とともに，2カ所の引用箇所を1つにつなぎ合わせて引用することは許されると考えられます。

　なぜなら，つなぎ合わせる文章の間に「(略)」と入れることで，2カ所の引用を行っていることが誰の目から見ても明らかであり，改変を加えたとはいえないと考えることができるからです。

　もっとも，①引用箇所が元の文章内で近接していない場合や，②省略することで元の文章の内容を歪曲するおそれがある場合には，元の話に戻って「改変」にあたることになります。したがって，これらの場合には，一部省略の引用ではなく，それぞれの箇所で引用の要件を満たしたうえで引用すべきです。

　なお，「—」という省略の仕方をときどき見かけますが，「—」は元の文章の中で，文章の一部として用いられていることもあります。「—」は，省略を示しているのか，それとも元の文章に用いられていたのかわかりにくいので，この省略の仕方は避けるべきでしょう。

〔真喜志ちひろ〕

Q121　共著の著作者

　共著で書かれた本の内容を利用する場合，それが引用にあたらなければ，全員の著者から許諾を得る必要がありますか。

 A 共同著作物であれば，原則として全員の著者から許諾を得る必要があります。

解説

　複数の著者による書籍には，①複数の著者がそれぞれの作品を持ち寄って作品集という形式でまとめているもの，②複数の著者が共同して1つの作品を執筆しているものがあります（詳細はQ5とコラム①参照）。

①のような場合は，利用する箇所について著作権を有している著者から許諾を得れば足ります。一方で，②のような場合は，共同著作物（著2条1項12号）となり，著作権が共有されるので，著作権者の全員から許諾を得なければ著作物を利用することはできません（著65条2項）。もっとも，著作権法は共有者の中から著作権を代表して行使する者を定めることができることを規定しているので，代表者が定められている場合には，その者の許諾を得ることができれば，それで足ります（著65条4項・64条3項）。

本問における書籍が共同著作物に該当すれば，全員の著者（または著者の代表者）から許諾を得る必要がありますが，単なる作品集の形式であれば，当該部分の著作権を有している著者から許諾を得れば足ります。

〔真喜志ちひろ〕

Q122　孫 引 き

サイト上である論文（A）の一部を引用しようと思います。ところが，私が引用しようと思っていた部分は，他の論文（B）を引用したものであったことがわかりました。この場合，最初の引用元（B）からも，許諾を得る必要があるのですか。

 A 引用として許諾を得る必要がない場合と，引用に該当せず許諾を得る必要がある場合とがありえます。

解説

A，Bいずれの論文も著作物であり，AとBがそれぞれの論文の著作権者として説明しますね。この場合，原則として，Aの論文を利用するためには著作権者であるAの，Bの論文を利用するにはBの許諾をそれぞれ得る

必要があります。しかし，著作権法32条に規定されている「引用」の要件を満たせば，AまたはBの許諾を得ずに利用することができます。

　例えば，Bの論文だけを利用する場合には，Bの論文の引用が著作権法32条の要件を満たせば，Bの許諾を得る必要はありません。また，利用したい部分が，Bの論文のみならずAの論文も含む場合には，Aの論文の引用についても著作権法32条の要件を満たせば，Aの許諾を得る必要はありません（引用にあたるかの判断基準については，**Q20**をご参照ください）。

　このように，A，Bの論文の引用が著作権法32条の要件を満たしていれば，A，Bいずれの許諾も得ずに，それぞれ利用が可能となりますが，要件を満たしていないのであれば，要件を満たしていない引用については，著作権者の許諾が必要です。

　なお，Aの論文に引用されたBの論文を，Bの原典を確認せずにそのまま引用することを「孫引き引用」といいます。

　この孫引き引用をする場合の出所明示の方法ですが，まず孫引き引用した部分のすぐ後に，原典（本件の場合のB）の出所を明示し，そこに注を付けます。そして，その孫引き引用を含む節や章の末尾部分に，「注」として，あなたが直接見て引用（一次引用）した著作物（本件の場合のA）の出所を明示します。

【例】

（Bの孫引き引用部分）
「・・・・・・」（Bの論文の原典の出所明示。注１）

（Bの孫引き引用部分を含む節，章の末尾）
「注１　Aの論文（一次引用）の出所明示」

〔近藤美智子〕

(2) 題号・見出し・書体

Q123 タイトルと著作物

『時効の管理』という本のタイトルをサイトに載せる場合，著者から許諾を得る必要がありますか。

A 原則として必要ありません。

解説

本や映画作品等のタイトルは，通常，著作物ではないとされています。なぜなら，作品のタイトルは，一般的にその作品の内容を要約ないし象徴する言葉から構成されたごく短い表現であり，通常は思想・感情を創作的に表現した著作物とはいえないからです。

本件では，「時効」という法律用語と，日常的に使用頻度の高い「管理」という用語を助詞（「の」）を挟んで組み合わせたわずか5文字の表現です。このようなありふれたシンプルなタイトルでは，思想・感情を創作的に表現したとはいえません。そのため，本問のタイトルは，著作物にはあたらず，著者から許諾を得る必要はありません。

一方で，タイトルが全く保護される余地がないのかというと，商標法による保護と不正競争防止法による保護が考えられます。

しかし，前者については，商標権は商品・サービスの出所表示マークであるため，他人の商標をタイトルとして使用しても，商品の出所を示す機能として表示しない以上，商標的使用とはいえず，商標権の侵害にはあたらないとされています。

一方，後者については，不正競争防止法は，競合他社や個人に対して，

不正な手段による競争の差止めや損害賠償請求をできるよう認める法律であり，一般に，本のタイトルも不正競争防止法の要件を満たす場合には，同法による保護を受ける可能性があります。そこで本のタイトルと同じタイトルで商品化されているような場合には，当該商品とは関係ないことを表示するべきでしょう。

〔佐賀博美〕

Q124　見出しと著作物

「A・Bさん，赤倉温泉でアツアツの足湯体験」という新聞の見出しをサイトに載せる場合，新聞社から許諾を得る必要がありますか。

A　必要ありません。

解説

　見出しは，通常，記事の内容が一瞬でわかる，短くわかりやすい言葉で構成され，記事の内容をあらわす単語を並べただけのものが多く，創作的な表現とはいえないため，著作物とはされていません。

　一方，そこまで短くはない見出しであり，微妙な例として，裁判で「A・Bさん，赤倉温泉でアツアツの足湯体験」という見出しの著作物性が争われた事案につき，裁判所は，「A・Bさん　赤倉温泉で足湯体験」という部分は客観的な事実をそのまま記載したものであり，また，「アツアツ」という部分も，1つの言葉から，仲睦まじい様子と湯に足を浸している様子の双方が連想されるとしても，そのような表現も通常用いられるありふれたものであるといわざるを得ないとして見出しの著作物性を認めませんでした（東京地裁平成16年3月24日判決・知財高裁平成17年10月6日判決

〔読売オンライン事件〕）。

　ただし，著作物性は著作物ごとに個別に判断されますので，十分注意が必要です。

〔佐賀博美〕

Q125　キャッチコピーと著作物

　「音楽を聞くようにただ聞き流すだけ」という英語教材のキャッチコピーをサイトに掲載する場合，キャッチコピーの作成者から，許諾を得る必要はありますか。

A 必要ありません。

解説

　キャッチコピーとは，商品等の広告宣伝に用いられる謳い文句であり，通常，短い言葉により構成され創作的な表現とはいえないため，一般的には著作物には該当しません。ただ，単に文が短いということだけでは著作物性を否定することにはなりませんので，キャッチコピーの表現において最低限の創作性を有しているかの判断が必要となります。

　本件の「音楽を聞くようにただ聞き流すだけ」というキャッチコピーは，英語を聞き流すだけで英会話が上達するという教材のセールスポイントを端的に示しており，広告宣伝の観点からは工夫が凝らされていると見ることもできます。

　しかしながら，上記のキャッチコピーは「音楽を聞く」「聞き流すだけ」といった平凡かつありふれた表現で構成されており，作成者の思想・感情を創作的に表現したものとはいえません（東京地裁平成27年3月20日判

決）。そのため，本件のキャッチコピーは著作物には該当しないこととなります。

〔佐賀博美〕

Q126　書体と著作物

　当社では，今般，商品パッケージに掲載する商品名の文字デザインを，有名な書道家の方にお願いしました。この方との契約書では，著作権の帰属についても触れてありますが，そもそも，文字の書体に著作物性はあるのですか。それが印刷用書体であった場合とデザイン書体や書家の書であった場合などで違いはあるのでしょうか。

 A　文字の書体にも著作物性が認められることがあります。書家の書やそれに類するようなデザイン書体と，印刷用書体とでは，著作物性の有無に関する結論が異なります。

解説··

1　書体と著作物性

　一般に，文字は人の情報伝達手段として使用されるものですから，文字の表し方である「書体」に対してむやみに著作物性を認めると，その文字を他の人が利用できなくなるという不都合が生じます。そのため，書体のうち著作物性が認められるものは，かなり限定的にならざるを得ません。

　書体の著作物性に言及する裁判例としては，印刷用書体に関するもの，デザイン書体と書家の書に関するものがあります。

2　印刷用書体

　印刷用書体について著作物性が争われた事案では，①文字には情報伝達機能があり，その形体には一定の制約を受けること，②書体が一般的に著作物として保護されるものとすると，わずかな差異を有する無数の印刷書体について著作権が成立し混乱を招くことを理由として挙げたうえ，印刷用書体が著作物に該当するというためには，それが従来の印刷用書体に比して顕著な特徴を有するといった独創性を備えることが必要であり，かつ，それ自体が美術鑑賞の対象となりうる美的特性を備えていなければならない（最高裁平成12年9月7日判決〔ゴナ書体事件〕）と判断されました。

　印刷用書体は，文字としての情報伝達機能を保持する限り，それが「顕著な特徴を有する」ことはほとんど考えられないので，実際には著作物性が認められる印刷用書体はごく稀な場合に限られるといえます。

3　デザイン書体，書家の書

　書家による書は，通常，著作物性が認められます。これはわかりやすいですね。

　また，書家による書に限らず，およそ「書」と評価できるような創作的な表現のものについても，著作物性を有すると評価されます。

　例えば，広告用の書における書体の著作物性が争われた事案で，大阪地裁は，原告の「趣」と「華」という文字について，広告のためのデザイン文字としての側面を有するものの，書またはこれと同視できるほどの美的創作性を有しているとして著作物性を認めました（大阪地裁平成11年9月21日判決）。

　広告のために作成される書は，文字としての情報伝達機能が重要になるため，書家による書よりも著作物性の有無についての判断が難しくなります。

　上記の裁判例は結論として原告のデザイン書体の著作物性を認めました
が，その他のデザイン書体について，どこまで著作物性が認められるかと
いうところまでは，基準を示していません。この点は，今後の判例の蓄積
を待つしかないでしょう。

（原告ロゴ）　　　　　　　　　　（被告ロゴ）

（原告ロゴ）　　　　　　　　　　（被告ロゴ）

〔宮澤真志〕

Q127　ロゴと著作物

　当社で運営するブログの記事に，他企業のロゴを使いたいと思って
います。ロゴには著作物性はありますか。

A どのようなロゴかわかりませんが，それが文字としての機能を有するようなものであれば，著作物性はない場合が多いものと思われます。

解説..

　一般に，文字は，情報伝達という実用的機能を持つものであり，文字の書体に著作物性が認められるのがごく限定的な場合に限られることはQ126で述べたとおりです。

　本件の参考になる裁判例として，Asahiロゴマーク事件（東京高裁平成8年1月25日判決）があります。

　同判例は，原告の「Asahi」というロゴに関して，全体として，細い輪郭線に囲まれているが，このような手法はありふれたものであるとし，「A」の書体に関しては，他の文字に比べてデザイン的な工夫が凝らされたものとは認められるとしつつも，美的創作性を感得することはできないと結論付け，著作物性を否定しました。

　この「Asahi」という書体は，アサヒビール株式会社が自社のブランドを表示するものとして生み出したものであって，それが「Asahi（アサヒ）」という文字（意味）を指すことは誰が見ても明らかです。そうすると，未だ情報伝達のためのツールとしての域を脱せず，当該ロゴに美的創作性を見出すことはできないといわざるを得ません。

　そのため，著作物性を否定した判例の結論は支持できます。

（原告ロゴ）　　　　　　　　　（被告ロゴ）

　本件のロゴマークがどのようなものかはわかりませんが，仮に，文字と
しての情報伝達機能を有するようなものであれば，著作物性は否定される
ことが多いものといえるでしょう。

　もっとも，会社が利用しているロゴはすでに商標登録されていることが
多いので，使用の仕方によっては商標権を侵害する可能性があります。ま
た，著名な表示であれば，不正競争防止法違反になる可能性もあります。
使用方法については，十分に注意しましょう。

〔宮澤真志〕

(3)　小説・記事

Q128　転載による利用

　当社の機能性食品の効能をアピールするために，厚生労働省の公表
しているデータをウェブサイトに載せたいと考えています。このよう
に，政府・官庁・各地方自治体のウェブサイトに掲載されているもの
は，勝手に記載してもよいのでしょうか。

A　争いはありますが，「転載」が認められている「報告書」であれ
ば，一定の場合に著作権者の承諾なしに記載することができま
す。また，これにあたらない場合でも，「引用」の要件を満たせ
ば，これも著作権者の承諾なしに記載可能です。

解説··

　国もしくは地方公共団体の機関，独立行政法人または地方独立行政法人（以下「官公庁等」といいます）が作成した広報資料，調査統計資料，報告書，その他これらに類する著作物（以下「広報資料等」といいます）は，以下の要件を満たしたときに，著作権者の承諾なしに記載することができます（著32条2項）。

> ①　作成者が官公庁等であること
> ②　一般に周知させることを目的として作成されたものであること
> ③　官公庁等の名義の下に公表されるものであること
> ④　説明の材料として新聞紙，雑誌，その他の刊行物（以下「刊行物等」といいます）に転載すること

　ただし，「転載」には，通常，公衆送信は含まれませんので，「報告書」をアップロードして配信する行為は，「転載」として許されるものではありません。もっとも，最近では，ネット上の掲載にも同条項を（類推）適用させるべきという見解があります（中山信弘『著作権法〔第2版〕』（有斐閣，2014年）330頁参照）。

　この見解によれば，本件でも，上記①ないし④の要件を満たせば記載することができます。

　なお，上記①ないし④の要件を満たさない場合であっても，別途「引用」の要件を満たせば著作権者の承諾なく記載することは可能です。「引用」の要件については，**Q20**を参照してください。

〔宮澤真志〕

Q129　保護期間と著作者人格権

　1937年に起きた盧溝橋事件についてブログに書き，当時の新聞報道写真を載せたところ，その新聞社から「『○○新聞』と表示してください」と連絡が来ました。

　とっくに保護期間は切れていると思うのですが応じないといけませんか。

A 応じないといけません。

解説

　「『○○新聞』と表示してください」という請求は氏名表示権（著19条）に基づく請求と思われます。

　保護期間は著作権の中でも財産権に関する制度であり，著作者人格権は別の考えになります。著作者人格権は著作者の死亡により消滅します。人格と結びついた権利ですので死亡により人格が消滅するのと同時に消滅するという結論は納得です。

　問題は，著作者が自然人ではなく法人である場合です。法人は死亡しませんのでどう考えればよいのでしょうか。この点は死亡と同視できるものとして法人の場合は「解散」が挙げられます。

　本件の○○新聞はまだ解散せず存在していますので氏名表示権も消滅していません。

〔雪丸真吾〕

Q130　保護期間の経過

　最近，大好きな作家の作品の著作権の保護期間が切れたので，その作品について論じるブログを立ち上げました。

　お気に入りの文章を多数ブログ上に掲載しているのですが，ブログを読んだ方から「私も同じようなブログを立ち上げたいと思ってます。文章を一から書き起こすのは大変なのであなたのブログからコピペ（コピー＆ペースト）してもよいですか？」と問い合わせがありました。

　本の文章を手入力ですべて打ち込んでおり相当労力もかかっているので断りたいのですが「コピペはやめてください」という法的な権利はあるのでしょうか。

A　法的な権利はありません。

解説

　保護期間が切れていますし，そもそも相談者の創作した著作物ではないので著作権の主張は難しいです。

　確かに，文章を頑張ってデジタル化した相談者さんの苦労を考えるとそのコピペを安易に許してよいのかという気はします。著作物をデジタル化することによってコピペをはじめとして流通が一気に容易になりますので，デジタル化した者に何らかの保護を与えるという考え自体は十分に成り立ちえます。

　このため，平成7年頃からデジタル化権という権利の導入の是非について著作権審議会で議論が行われていますが，未だ結論は出ないようです。

　将来的には著作権法にデジタル化権が導入されるかもしれません。

〔雪丸真吾〕

(4)　翻　訳　物

Q131　翻訳による利用

　外国語で書かれた著作物を引用する際は，原文のまま記載しなければならないのですか。

A　それ以外の方法もあります。

解説⋯⋯⋯⋯⋯⋯⋯⋯⋯⋯⋯⋯⋯⋯⋯⋯⋯⋯⋯⋯⋯⋯⋯⋯⋯⋯⋯⋯⋯⋯⋯⋯⋯⋯⋯⋯⋯⋯

　外国語で書かれた著作物を引用する場合には，原文のまま引用する場合と，翻訳文の形で引用する場合とがあります。

　原文のまま引用する場合は，著作権法32条1項の要件を満たせば，引用が可能です（引用の要件についてはQ20を参照してください）。

　他方，翻訳文の形で引用することも認められます。翻訳文の形で引用する場合には，以下の2つの方法が考えられます。

　1つめは，他人が翻訳した翻訳文をそのまま引用する場合です。この場合は，原文のまま引用する場合と同様，著作権法32条1項の要件を満たせば，引用による利用が可能です。

　2つめは，自ら原文を翻訳して引用する場合です。引用による原文利用の要件を満たす場合，原文を自ら翻訳したうえで引用することが可能です。（著47条の6の第1項2号）。

　したがって，外国語で書かれた著作物を引用する場合は，必ずしも原文のまま記載しなければならないというわけではありません。

〔佐賀博美〕

Q132　翻訳時の出所明示①

外国語で書かれた著作物について，原文のまま引用する際は，どのように出所明示すればよいでしょうか。

 A　①著者名，②書名，③出版社名，④発行年，⑤引用する該当ページ，を原文で明示してください。

解説

通常の著作物の出所明示と同様です（Q22参照）。著作権法48条2項による著者名以外は何を明示すべきか法文上明確ではありませんが，原文で以下の事項を明示すればまず大丈夫です。

①著者名，②書名，③出版社名，④発行年，⑤引用する該当ページ

〔佐賀博美〕

Q133　翻訳時の出所明示②

外国語で書かれた著作物について，他人の翻訳物を引用する際は，どのように出所明示すればよいでしょうか。

 A　すでに存在する翻訳文を引用する場合，原書および翻訳物双方について出所明示が必要となります。したがって，原文および日本語で以下の事項を明記します。

解説

①原書の著者名，②原書名，③翻訳者名，④翻訳書名，⑤翻訳出版社名，

⑥翻訳書の発行年，⑦引用する該当ページ

〔佐賀博美〕

Q134　翻訳時の出所明示③

　外国語で書かれた著作物について，自分で翻訳して引用する際は，どのように出所明示すればよいでしょうか。

A Q22で説明しましたとおり，翻訳して利用する場合には，原著作物について出所を明示する必要があります（著48条3項）。翻訳（二次的著作物）については，自らが著作者であるので，原書についてのみ出所明示が必要となります。したがって，出所明示内容は，Q132と同様であり，原文で以下の事項を明記します。

解説……………………………………………………………………………………

　①著者名，②書名，③出版社名，④発行年，⑤引用する該当ページ

〔佐賀博美〕

Q135　翻訳物の利用と許諾の主体

　有名なハリーポッターシリーズについて，批評をまとめたサイトを立ち上げようと思っています。日本語版の翻訳本の一部をサイト上に載せたいと思いますが，誰に許可を求めればいいでしょうか。

引用の要件を満たしていれば，誰からも許可を得る必要はありま せんが，引用の要件を満たしていない場合には，原作の著作者 （原著作者）と翻訳本の著作者（二次的著作者）の両方の許可が 必要となります。

解説

　ここで，引用の要件を満たしていない場合に，誰の許可を必要とするか が問題となりますが，まず，翻訳本も著作物であるため，翻訳本の著作者 の許可を得ることが必要となります。

　また，著作権法28条は，原作の著作者（原著作者）も，翻訳本の利用に 関し，翻訳本の著作者（二次的著作者）と同一の種類の権利を有する旨規 定しています。そのため，翻訳本を利用する場合，翻訳本の著作者だけで なく，原作の著作者の許可を得ることも必要となります。

〔佐賀博美〕

(5) SNSへの書き込み

Q136　メッセージと著作物

　当社では，個人のSNSへの投稿を，広告やキャンペーンに使うこ とを企画しています。投稿者に許諾を得ずに勝手に使ってもよいので しょうか。

A 通常は許諾が不要なことが多いですが，注意が必要です。

解説

　SNSに書いてある内容が著作物であれば無断で利用することはできませ

んが，著作物でなければ著作権侵害という事態は起こらず，利用が可能になりますので，SNSに書いてある内容が著作物であるかどうかを検討する必要があります。

SNSでは比較的短い言葉で発信されることが多いように思いますが，短い言葉であっても著作物であることが否定されるわけではなく，そこに「創作性」が認められるかどうかが判断基準となります。

例えば，俳句は，5・7・5と文字数を限定された表現ですが，一般に著作物であるとされています。

他方で，SNSでは，「○○だと思います」といった自分の考えをそのまま述べるものや，「○○に○○と一緒に行きました」といった自分の体験した事実をそのまま述べるものが多く，このような表現には「創作性」がないため著作物とは認められません。

ご質問に対する回答ですが，例えば，ツイッターのハッシュタグ機能を用いて，ある商品についてSNS上で発信された発言を集め，利用者の声・口コミなどとして掲載するなどといった場合，その多くは著作物ではないため，許諾不要と考えられます。

ただし，SNS上のすべての発言が上記のような直接的な表現ばかりではありませんし，日記のように長文の文章を掲載する場合もあり，そのような投稿を利用する場合には著作物であると認められる可能性が高くなりますのでご注意ください。

なお，個人のSNS上の発言を許諾なく利用できる場合であっても，氏名をそのまま記載すれば，個人情報保護法上の問題が別途生じます。利用の際には，氏名やアカウント名の記載を削除し，年代，性別，居住する都道府県など匿名化された情報を記載するにとどめましょう。

〔廣瀬貴士〕

Q137 リツイート

　先日，芸能人のツイートに感動してリツイートしました。そのツイート自体に著作物性が認められる場合，リツイートはその著作権を侵害しますか。

A 侵害しません。

解説··

　リツイートとは，他人のツイートを再投稿して自分のタイムラインに表示させることで，自分のフォロワーに当該他人のツイートを見てもらえるようにすることをいいます。リツイートの対象となったツイートに画像が設定されていた場合には，当該画像も一緒にリツイートした者のタイムラインに表示されますね。

　リツイートで，ツイートの内容がタイムラインに表示されるのは，リツイートを利用することで，対象となるツイートのURLをリンク先としてインラインリンクが設定されるからです。Q74で説明したように，違法にアップロードされたコンテンツにインラインリンクを張ることは，違法とされる可能性がありますが，適法にアップロードされたコンテンツにリンクを張ることは問題ありません。

　また，ツイートをした人も，ネット上で公表されることを前提としてツイートしているのですから，リツイートによるツイートの使用は許諾していると思われます。

　したがって，いずれにしても，今回のリツイートは著作権を侵害しません。ただし，①動画の枠の一部を切り取るような形でリンクを張ったり，動画の一部だけにリンクを張ったりすると同一性保持権を，②リンクに

よって張られている画像がウェブサイトの表示枠が原因で一部見えなくなったために，その画像の著作者の氏名が隠れて見えなくなってしまった場合には氏名表示権を，それぞれ侵害することがありうることはQ74のとおりです。

〔福市航介〕

コラム⑩

ネタバレ注意

　インターネット上では，いわゆる「ネタバレ注意」として，小説，映画や漫画等のストーリーを記載しているものがあります。多くはストーリーを要約するものですが，その内容が抽象的なものである場合には，いわゆる小説等の表現を翻案等したものとはいえないので，著作権侵害の問題は生じません。「ネタバレ注意」というのは，ネット上のエチケットと呼ぶべきものと思われます。そういった意味で「ネタバレ注意」と初めに書くことは親切です。

　他方，ストーリーの要約の程度が詳細にわたる場合には，紹介している小説等の著作権を侵害する可能性がありますから，そのような内容を書くことは控えたほうがよいでしょう。

　ただし，そのストーリーを批評したりするためのものであれば，引用される文章が批評文と明確に区別され，批評文と比べて従たる存在といえる場合には，著作権法上適法であると認められる引用とされて記載できることもあります。気を付けるべきなのは，適法な引用ではない場合であり，この場合には，たとえ「ネタバレ注意」と書いたとしても，それは著作権侵害を適法にするものではありません。

　「ネタバレ注意」はインターネット上のエチケットであり，著作権とは無関係です。ネタバレの内容を具体的に書く場合には，著作権侵害のおそれがあるので注意が必要です。

〔福市航介〕

2　名誉毀損の問題

Q138　特定性の具体例

　当社では，新聞社との提携により，日々のニュースをまとめて配信するウェブサイトを運営しています。ある日の記事に，「○○産のほうれん草等の葉物野菜はダイオキシンの含有濃度が高い」という報道があったのですが，この報道は，対象者の特定性を満たすのでしょうか。

A　特定性を満たします。

解説..

　Q52のとおり，名誉毀損というためには，漠然と集団を対象とするのではなく，対象者を特定する必要があります。

　しかし，漠然と集団を対象としているように見えても，その摘示した事実全体について見ると，特定の対象を摘示していると評価できる場合があります。特定の対象を摘示しているかどうかは，普通の読者の受け取り方をもとに判断します。「普通の読者の受け取り方」というのは，問題となる表現媒体の一般的な読者による普通の読み方を意味し，一部の読者による特異な読み方によっては判断しないという趣旨です。

　本件に似た「所沢産のほうれん草等の葉物野菜はダイオキシンの含有濃度が高い」という報道に対して，さいたま地裁は，「所沢市内において野菜を生産する農家」という程度で，対象者の特定として足りると判示しました（さいたま地裁平成13年 5 月15日判決，最高裁平成15年10月16日判

決）。したがって，本件も対象者の特定性を満たすと考えられます。

　なお，同様の事例として，人種等に対する差別的言動であるいわゆるヘイトスピーチに関して，在日朝鮮人の学校法人に対する事実の指摘であるとして，特定性を認めた裁判例があります（京都地裁平成25年10月7日判決）。特定性についてはこの裁判例も参考になるでしょう。

〔宮澤真志〕

Q139　相手方の匿名化

　当社のウェブサイト上で，他の出版社の発行している小説の批判を書きました。その際に，筆が滑って，作家の人格否定までしてしまったのですが，名前をイニシャル化するなどの対応を施していました。この場合でも名誉毀損になるのでしょうか。

A 名誉毀損になる場合があります。

解説……………………………………………………………………………………………

　本件のように，名前をイニシャル化するなどして記事の匿名化を図った場合でも，「一般読者の普通の注意と読み方」（問題となる表現媒体の一般読者の普通の受け取り方）に照らして当該記事を解釈すると，特定の人物を指すと受け止められるようなものであれば，当該特定人に対する名誉毀損となる場合があります。

　東京地裁平成26年3月10日判決では，匿名記事で実名が記載されていない場合であっても，記事の記載内容から，対象となる人の属性等について一定の知識，情報を持つ人によって，その対象者の特定がなされる可能性があり，こうした人から，特定された対象者が不特定多数の第三者に伝

わって広がる可能性があれば，対象者の特定性は認められるものとされました。

　東京地裁平成18年11月7日判決では，大学のイベントサークルのメンバーによる準強姦事件が大きく報道された時期に，月刊誌が，同サークルのOBである原告のことを原告と同じイニシャルで表記し，会社の所属部署もほとんど似たような記載をして同人が同事件に関与したかのような記事を掲載した事件について，「原告と面識がある者」や，「原告の属性のいくつかを知る者」が本件記事を見た場合を想定し，対象者の特定性を肯定して名誉毀損の成立を認めました。

　本件のように，名前をイニシャル化しているだけでは，容易に対象者が特定されてしまうケースが多くあります。対象者の特定を避けるためには，前後の文脈や，関係する他の情報にも注意が必要なのです。

〔宮澤真志〕

Q140　SNSと名誉毀損

①　LINEやメールで本人にのみ送ったメッセージでも，名誉毀損となりますか。

②　本人だけでなく，他に特定の第三者がいるグループLINEや，親しい友人以外に非公開設定をしたフェイスブック上などでのメッセージの場合には，どうでしょうか。

A
① 本人にのみ送ったメッセージは，ほとんどの場合，名誉毀損
となりませんが，名誉感情を侵害するものと判断される可能性
はあります。
② 本人以外に第三者がいる場合には，それが不特定人か，多
数人か，周囲へ伝わって広がっていく可能性はあるかなど，
その時々の状況によって名誉毀損になるかどうかの判断が分
かれます。

解説

1　①について

　名誉毀損の成立には，事実（評価）摘示の公然性が要求され，ここでいう「公然」とは，不特定または多数人をいうとされます（**Q53**参照）。そのため，本人のみにメッセージを送った場合は，原則として公然性を満たさず，名誉毀損とはなりません。

　本人のみに伝えた場合でも，それが他の不特定または多数人に伝播する可能性が存在する場合には，例外的に，公然性を満たすと判断される余地があります。しかしながら，一般的には，本人が自ら社会的評価を下げる事実について周囲に漏らすということは考えづらいので，その場合でも公然性が否定されることがほとんどであると思われます。

　なお，この場合でも，名誉感情の侵害により違法となる可能性があることは，**Q53**の場合と同様です。

2　②について

　他方，メッセージの送付先に本人以外の第三者がいる場合は，まずは当該第三者が不特定なのか，特定しているかという判断が必要になります。不特定であった場合は，そのことのみで公然性を満たします。特定してい

た場合は，次にそれが多数人かという問題になります。何人であれば多数人といえるかについては，残念ながら一概には判断できません。裁判例は，十数人で多数と認めたものもあれば，3，4人を多数と認めたものもあります。

　本問では，まず，特定の数人だけが参加するグループLINEが問題となっています。グループに参加している第三者が1人や2人であれば，多数人とはいえないと判断される可能性はあります。しかし，その場合でも，不特定または多数の人に伝わって広がる可能性があれば，公然性は認められます。特に，指摘された事実が人の興味を引くゴシップ記事のようなものであれば，それが不特定または多数の人に伝わって広がってしまう可能性が高いものといえるでしょう。

　また，親しい友人以外への非公開設定をしたフェイスブック上では，そもそも不特定または多数の人へのメッセージであると判断される可能性は高いものと思われますし，仮に，少数の特定された人へのメッセージと評価された場合でも，不特定または多数の人へ伝わって広がる可能性が認められることが多いものと考えられます。

　したがって，SNS上で名誉毀損的な表現をした場合には，基本的に権利侵害となると考えておいたほうがよいでしょう。

〔宮澤真志〕

Q141　リツイートと「いいね」評価

　当社の管理するツイッターアカウントでは，ツイッターのハッシュタグ機能を利用し，自社の商品名がハッシュタグに含まれている投稿を自動的にリツイートするといった広告宣伝活動を実施しています。
　今回，このような活動によりリツイートされた投稿の一部に，他社

製品を批判するツイートが存在することがわかりました。この投稿自
体が名誉毀損的な表現であった場合，わが社のリツイートも名誉毀損
になりますか。
　それが，「いいね」評価をしただけの場合はどうでしょうか。

 A　どちらも，状況によっては名誉毀損となる場合があります。

解説……………………………………………………………………………………………
　リツイートと「いいね」評価は，どちらもボタンを押すだけで第三者へ
容易にその情報を拡散することができるという点で共通しています。
　しかし，名誉毀損の成否に関しては，両者についての裁判所の判断が明
確に分かれました。
　東京地裁平成26年３月20日判決では，（mixiと思われる）SNSの「いい
ね」評価について，あくまで「賛同の意を示すものにとどまり，発言その
ものと同視することはできない」として，「いいね」ボタンをクリックし
た者による名誉毀損の成立を否定しました。
　一方，大阪高裁令和２年６月23日判決では，自己のコメントを付けずに
他者（元ツイート主）のツイートを他者（元ツイート主）の名義のまま転
送する方式のリツイートについて，「元ツイートに係る投稿内容に上記の
元ツイート主のアカウント等の表示及びリツイート主がリツイートしたこ
とを表す表示が加わることによって，当該投稿に係る表現の意味内容が変
容したと解釈される特段の事情がある場合を除いて，元ツイートに係る投
稿の表現内容をそのままの形でリツイート主のフォロワーのツイッター画
面のタイムラインに表示させて閲読可能な状態に置く行為に他ならないと
いうべきである。」として，名誉毀損の成立を認めました。
　上記２つの裁判例は，リツイートと「いいね」評価について，「自らの

発言と同視できるかどうか」という観点から，名誉毀損の成否判断を明確に分けました。しかし，実際の状況によっては，別の判断が下されることもありえます。

　例えば，「明らかに名誉を毀損する記事について，発信力の高い人が，自分が「いいね！」を押すことで，その記事がそれまでの読者とは全く違う層に届き，新たな社会的評価の低下を生むことを理解したうえであえて「いいね！」を押した場合」などでは，「いいね」評価を単なる賛同の意味と考えてよいかどうかは疑問が残ります（松尾剛行＝山田悠一郎『最新判例にみるインターネット上の名誉毀損の理論と実務［第2版］』（勁草書房，2019年）349頁）。

　他方で，リツイートにそのままコメントできるいわゆる引用リツイートを利用して，そのツイートに批判的なコメントをする人もいて，その人のリツイートが賛同を意味するものとも判断できません。

　いずれの結論をとるにしても，「いいね」評価やリツイートが名誉毀損となるかどうかは，それぞれの有する機能のみならず，投稿者・被害者の地位や，前後の文脈なども踏まえて，投稿ごとに個別具体的な判断がなされるべきものといえるでしょう。

〔宮澤真志〕

Q142　ネット記事の参照と真実相当性

　当社のウェブサイトでは，あるスポーツ紙のネット上の配信記事を参考にして，有名人に対しての批判的な表現を含む記事を載せています。スポーツ紙の記事を元にしている以上，仮に元の情報が虚偽のものであったとしても，当社は免責されますよね。

A 免責されません。

解説

　他人の社会的評価を下げる表現をした場合であっても，その表現行為が事実を指摘したものであったときは，以下の要件を満たせば適法となります（最高裁昭和41年6月23日判決）。

---

① 問題とされる表現行為が「公共の利害に関する事実」についてのものであること（公共性）
② その表現行為の目的が「専ら公益を図る目的」であること（公益性）
③ 摘示事実の重要部分が真実であると証明され（真実性），ないしはそれが真実であると信ずるについて相当の理由があること（真実相当性）

　本問では，上記①〜③のうち，①と②は満たしていることを前提にします。そうすると，残りの要件は③の真実性・真実相当性であり，仮に情報が虚偽のものであることを前提すると，免責されるかどうかは，真実相当性が認められるかどうかの一点に絞られます。

　一般的に，真実相当性が認められるためには，「確実な資料，根拠に照らして相当の理由」があることが必要とされています（最高裁昭和41年6月23日判決。**Q58**参照）。

　第三者から取得した情報に基づく表現につき，真実相当性がないと判断された事案として，最高裁平成24年3月23日判決があります。この事案では，フリーライターである被告が，訴訟で争うなど原告と対立関係にあった第三者から取得した情報を信用して，ウェブサイト上で名誉毀損的表現をしたことに対し，真実と信ずるにつき相当な理由がないとして，名誉毀損の成立が認められました。

　本問でも，単に，スポーツ紙の記事を鵜呑みにして，自身で何の調査も

せず，名誉毀損的表現をそのまま記載しているような場合には，真実と信ずるにつき相当な理由は見出しがたいでしょう。その場合は，免責されません。

　仮に，情報元となったスポーツ紙の記事が真実相当性を有するとされた場合，その記事を参考にして記事を書いた貴社は，免責されるでしょうか。

　ここで問題となるのは，要するに，「情報元となる記事の真実相当性を自分の表現についても援用できるか」という点です。

　最高裁平成23年4月28日判決では，通信社と新聞社について，両者が報道主体として一体であることを理由に，真実相当性の援用を認めたものがあります。しかし，本問では，貴社とスポーツ紙の間に，そのような一体性は存在しないでしょう。したがって，スポーツ紙の真実相当性を貴社が援用することはできません。真実相当性を有するかどうかは，別途個別に判断されることとなります。

〔宮澤真志〕

3　プライバシー権の問題

Q143　有名人のプロフィール

　ウェブサイト上に載っている現職の政治家や有名企業の社長の経歴やプロフィールを自分のサイト上に載せようと思っています。プライバシー権を侵害するのでしょうか。

A 適法にサイトに載っている情報であれば，侵害しません。

解説

　プライバシー権侵害の要件についての詳しい説明は，Q45で書いているとおりですが，プライバシー情報に該当するためには，①問題となっている事実が私生活上の事実であるか，そのような事実らしく受け取られるおそれがあること，②普通の人の感受性を基準として，プライバシーを侵害されたと主張している人の立場に立った場合に，他の人に知られたくないと認められるようなものであること，③一般の人に未だ知られていないものであることが必要ですから，これを検討する必要があります。

　その政治家や有名企業の社長の経歴が本人の同意を得てネット上で公開されていたものでしたら，プライバシー情報とはいえないでしょう。このような場合には，②の要件を満たさないですし，これにあたっても本人の同意があると考えられるからです。このことは，本人の同意を得て冊子やパンフレット等の紙媒体等で公開されていたものであっても同じです。

〔福市航介〕

Q144　虚偽のプロフィール

　Q143のプロフィールが虚偽だったらどうでしょうか。これを暴いて本当の経歴を書くことは，プライバシー権を侵害するのでしょうか。

A 適法となる場合があります。

解説

　Q143の経歴が本人の隠していた経歴だった場合（経歴詐称）はどうでしょうか。

　プライバシー情報の要件は，Q44で記載しているとおりです。本当の経歴詐称は一般の人に知られていないといえますから，Q143の③の要件を満たします。また，経歴は私生活上の事実ですから，同じく①の要件を満たします。さらに，経歴詐称の場合には，普通の人の感受性を基準にしても，その政治家や社長の立場に立った場合には他の人に知られたくないものといえます。そのため，本当の経歴はプライバシー情報であり，原則として，本人の同意なく公開した場合にはプライバシー権侵害となります。

　もっとも，Q48で説明したとおり，公開するのが報道等の目的に出た場合には，例外的にプライバシー権侵害とならない場合があります。

　最高裁は，「プライバシーの侵害については，その事実を公表されない法的利益とこれを公表する理由とを比較衡量し，前者が後者に優越する場合に不法行為が成立する」としています（最高裁平成15年3月14日判決）。

　なお，衡量の方法については，横浜地裁平成7年7月10日判決が「個人のプライバシーに関する事柄を報道するについては，（略）その報道が専ら公益を図る目的でされたときは，その事実が報道記事の内容等を理解するのに必要な限度でその報道は許容されると解すべきであるから，その判断に当たっては，そのプライバシーに関する報道が，公共の利害に関するものであるかどうか，その表現行為が，方法において不当なものがないかどうかを総合考慮して判断すべきである」としていますので，1つの参考となるでしょう。

　現職の政治家や有名企業の社長であれば，その経歴詐称報道は公共の利害に関するものであると判断されますので，先ほどの要件を満たせばプライバシー権侵害とならないと思います。

〔福市航介〕

Q145　SNSプロフィール

SNSで自分のプロフィールを公開している人であれば，ブログ上でそのプロフィールを紹介しても，問題ありませんよね。

 A　公開範囲の設定内容によっては，プライバシー権侵害のおそれがあります。

解説

プライバシー権侵害の要件についての詳しい説明は，**Q45**で書いているとおりですが，プライバシー情報に該当するためには，①問題となっている事実が私生活上の事実であるか，そのような事実らしく受け取られるおそれがあること，②普通の人の感受性を基準として，プライバシーを侵害されたと主張している人の立場に立った場合に，他の人に知られたくないと認められるようなものであること，③一般の人に未だ知られていないものであることが必要ですから，これを検討する必要があります。

ご質問の「公開」の内容は掘り下げる必要があります。プロフィールを発信する範囲を限定して公開している場合と限定せずに公開している場合があり，それらを分けて考える必要があるからです。

発信する範囲が限定されていない場合には，プライバシー権侵害は問題となりません。先ほどの②を満たすことは考えられないからです。

しかし，発信する範囲を限定している場合には問題です。なぜなら，発信者は，限定された範囲での発信を予定しているため，その範囲を超えるものは②の要件を満たしますし，③の要件も満たすのが通常と考えられるからです。この場合には，①の要件を検討しなければなりませんが，SNSで個人が発信しているような場合には，私生活上の事実であることが多い

ですし，少なくともそのような事実らしく受け取られるおそれがあること
が多いように思われます。そのため，プライバシー権の観点からは問題が
ないとはいえません。

〔福市航介〕

コラム⑪

忘れられる権利

　最近のニュースで，「忘れられる権利」という言葉を耳にした方もおられるか
もしれません。「忘れられる権利」というのは何でしょうか。インターネットで
は，様々な情報が流れていますが，一旦インターネット上に公開された個人の情
報は消えません。このような状況で，私生活上の情報がインターネット上で公開
されたらどうでしょうか。安心して生活はできませんね。

　そこで，主張されたのが「忘れられる権利」と呼ばれるものです。「忘れられ
る権利」に基づいて，インターネット上の検索結果の削除を請求しようというの
です。しかし，わが国では，実際に「忘れられる権利」というものを定める法律
はありません。そこで，法律上の解釈として，このような権利が認められるかが
議論されました。

　近年，さいたま地裁が，更生を妨げられない利益の一環としてこの「忘れられ
る権利」に言及しました（さいたま地裁平成27年12月22日決定）。しかし，
高裁決定において，忘れられる権利の独立した権利性は否定されました（東京高
裁平成28年7月12日決定）。理由は，その実体が名誉権ないしプライバシーに
基づく差止請求権と異ならないことなどによります。

　この事件につき，最高裁は，「忘れられる権利」という言葉に言及することな
く，プライバシー権の問題として捉え，「当該事実を公表されない法的利益と当
該URL等情報を検索結果として提供する理由に関する諸事情を比較衡量して判
断すべき」として，「その結果，当該事実を公表されない法的利益が優越するこ
とが明らかな場合には，検索事業者に対し，当該URL等情報を検索結果から削
除することを求めることができる」と判断しました（最高裁平成29年1月31

日決定）。

　したがって，日本では，「忘れられる権利」という権利は認められていないと
いうほかありません。

〔宮澤真志〕

第5章

侵害情報の削除請求・発信者情報開示請求への対応

　最近では，ユーザーが自由に書き込みや投稿を行うことができる2ちゃんねるやYouTubeなどのいわゆる投稿型サイトが増えてきています。また，投稿型サイト以外にも，ユーザーがメッセージを書き込むことができるタイプのウェブサイトなども存在します。これらのウェブサイトでは，直接の表現主体ではないウェブサイト管理者の側が，投稿による権利侵害について，一定の場合に責任を負うことがあります。

　そこで，第5章では，ユーザーの書き込みないし投稿等により権利が侵害されたとして，第三者から請求があった場合に，ウェブサイト管理者がとるべき対応策について解説していきます。第5章を読んで，ウェブサイトが適切に管理・運営されているか，事前に確認されることをお勧めします。

Q146 ウェブサイト運営者に対する請求

当社は，ワインの製造販売を行っており，商品の販売促進のため，ワインの産地や品種を紹介するウェブサイトを管理しています。このウェブサイト上で，今般，ワインについてたくさんの人が交流できるように掲示板を作ることにしました。

この掲示板で，誹謗や中傷が行われた場合，当社に何か請求がくるということはないですよね。

 書き込みを受けた人から，①書き込みの削除請求，②発信者の情報の開示請求を受ける可能性があります。

解説

誹謗中傷など人の権利を侵害する書き込みがあった場合，素直に考えれば，その書き込みをしている人に書き込みの削除を求めればよいはずです。しかし，インターネット上の掲示板においては，匿名で書き込みがなされていることが多く，誰が書き込んでいるかわからないことがほとんどです。

また，仮に書き込みしている人の名前がわかったとしても，書き込みをしている人が素直に請求に応じることは考えにくいですし，サイトの仕組みによっては，投稿者（発信者）が書き込みを削除することが技術的に不可能な場合もあります。

そのため，違法な書き込みについては，書き込みを受けた人から，サイトの運営者やサーバーの管理者に対して，請求がなされることがあります。

請求の内容としては，書き込みの削除請求と，書き込みをした人の発信者情報の開示請求の2つが存在します。

〔宮澤真志〕

コラム⑫

発信者情報

　ウェブサイト上の投稿や書き込みは，匿名でなされることが多く，被害を受けた人からすれば，誰がそのような情報発信をしているかはわかりません。他方，サイトの運営者（あるいはサーバーの管理者）は，情報が発信された際のIPアドレスとタイムスタンプ（投稿日時）を把握することができます。

　IPアドレスとは，インターネットに接続している端末を識別するための符号であり，ウェブ上の住所のようなものです。通常，ある一定の時間にそのIPアドレスを使用した端末は１つしかないことから，IPアドレスとタイムスタンプを組み合わせることで，多くの場合，発信に使用された端末を特定することができます。

　ウェブサイト上の投稿や書き込みは，①発信者の端末から，②発信者が契約しているインターネットサービスプロバイダ（例えば，OCNやauなど）を経由して，③コンテンツプロバイダ（掲示板サービスを提供しているプロバイダ）のサーバーへアップロードされます。そのため，発信者の端末を特定するためには，その逆のルートからたどることになります。

　そこで，まずコンテンツプロバイダへ発信者情報の開示を行い，情報が発信された際のIPアドレスとタイムスタンプ（投稿日時）の情報提供を求めることになります。なお，当該プロバイダは，発信者と契約等をしていない場合が多く，この場合，氏名，住所，メールアドレス等の情報を保有していないのが通常です。

　次に，コンテンツプロバイダから得たIPアドレスから「Whois」（㈱日本レジストリサービスが提供するドメイン名登録検索サービス）による検索などを利用して，発信に利用されたインターネットプロバイダを特定します。当該プロバイダは，発信者と契約していることが多く，この契約や課金等の事務のために，契約者の氏名，住所，メールアドレスなどを把握しているのが通常です。そこで，当該プロバイダに対して，当該端末の契約者の氏名・住所等の情報を教えてもらうことになります（なお，発信者がプロバイダ等の加入者の家族や同居人であり，加入者自身が発信者でないときも，加入者の氏名および住所は発信者情報に該当しうるとされています）。

　このIPアドレス，氏名，住所，メールアドレス，電話番号などの情報（詳細は，「特定電気通信役務提供者の損害賠償責任の制限及び発信者情報の開示に関する法律第4条第1項の発信者情報を定める省令」を参照してください。令和2年8月31日の改正により，新たに「発信者の電話番号」が開示対象に追加されました）を総称して，発信者情報といいます。

〔福市航介〕

Q147　発信者に対して負う責任

　掲示板が作られてしばらくした頃，○○さんから郵便で，「匿名で『◇◇スクールの○○は何もワインをわかっていない。昨日も，□□を△△と言ってたわ。アイツの言うことは無視！』という投稿があるので，削除して，投稿した人のIPアドレス，投稿日時等を教えてほしい」との請求がありました。これに応じても問題ないですか。

 大いに問題があります。安易に削除や開示をしたことについて，情報の発信者から損害賠償請求をされるおそれがあります。

解説

　一般論としてですが，情報の発信者には表現の自由があります。それにもかかわらず，安易に投稿を削除すると，投稿者に対して損害賠償責任を負う可能性があります。

　また，情報の発信者にはプライバシー権があります。したがって，安易に発信者の情報を開示すれば，やはり投稿者に対して損害賠償責任を負う場合があります。

〔宮澤真志〕

Q148　被害者に対して負う責任

それでは，Q147のような削除請求や開示は無視してしまっていいのでしょうか。

 A そちらも大いに問題があります。被害者から損害賠償請求をされるおそれがあります。

解説

確かに，ウェブサイトの管理者は，掲示板を作っただけで，実際に投稿をしているわけではありません。

しかし，投稿ができる場所を提供していますし，技術的に投稿を削除することができるのですから，問題のある可能性が高い投稿を漫然と放置していた場合には，被害者に対し，管理者として法的な責任を負う可能性があります。

〔宮澤真志〕

Q149　プロバイダ責任制限法

Q147・148のような対応では，板挟み状態になってしまいます。どうやったら，責任を免れることができるのですか。

 A プロバイダ責任制限法に従った対応をとることによって，責任を免れることができます。

解説··

　Q147やQ148のような板挟みの状態に陥らないよう，プロバイダ責任制限法は，一定の条件を定め，ウェブサイト側が責任を負う範囲を限定しました。以下では，侵害情報の削除請求と発信者情報の開示請求について，それぞれ分けて説明します。

　まずは，削除請求について説明します。ウェブサイト側が，<u>被害者からの削除請求に応じない場合</u>については，次の条件に当てはまるときに限り，被害者に対して責任を負います（プロ責3条1項）。

---

　①　他人の権利が侵害されていることを知っていたとき
　②　他人の権利が侵害されていることを知ることができたと認めるに足りる相当の理由があるとき

　他方，<u>被害者からの削除請求に応じる場合</u>については，ウェブサイト側は，次の条件に当てはまるときに限り，発信者に対して責任を負わないこととなります（プロ責3条2項）。逆に言えば，次の条件に当てはまらないにもかかわらず削除をしてしまうと，発信者に対して，責任を負う可能性があります。

---

　①　他人の権利が不当に侵害されていると信じるに足りる相当の理由があったとき
　または
　②　削除に同意するかどうかを照会した場合において，当該照会を受けた日から7日を経過しても，当該発信者から削除に同意しない旨の申出がなかったとき

　次に，発信者情報の開示請求について説明します。ウェブサイト側が<u>被害者からの請求に応じる場合</u>については，次の条件に当てはまるときに限

り，発信者に対して責任を負わないこととなります（プロ責4条1項）。反対に，次の条件に当てはまらないにもかかわらず開示をしてしまうと，発信者に対して，責任を負う可能性があります。

---

① 侵害情報の流通によって請求者の権利が侵害されたことが明らかであるとき

および

② 損害賠償請求権の行使のため必要がある場合，その他開示を受けるべき正当な理由があるとき

〔宮澤真志〕

コラム⑬

ウェブサイトにおける利用規約の必要性

　侵害情報の削除請求や発信者情報開示請求に適切に対応するためには，事前の準備をする必要があります。特に，ユーザーが情報を自由に発信することができる投稿型のサイトなどでは，権利侵害行為の予防や，削除・開示対応の予告という観点から，利用規約の整備という事前対応が考えられます。

　利用規約の整備にあたっては，まず，禁止事項を定めましょう。これにより，禁止事項にあたる行為が違法・不当であるということを，改めて情報発信者に伝えることができます（禁止事項のサンプルはコラム⑧を参照）。

　次に，禁止事項の違反行為に対する処分方法を設定しましょう。具体的には，問題となる情報や情報発信者のアカウントについて，ウェブサイト側に削除権限があることを明記してください。

　このとき，違反のおそれがある場合にも削除できるとしておけば，プロバイダ責任制限法では保護されない場合でも，規約に基づき情報の削除ができることになります。

〔宮澤真志〕

Q150 削除請求・開示請求対応フローチャート

侵害情報の削除請求や，発信者情報の開示請求がなされた場合の具体的な対応策を教えてください。

A それぞれ以下のフローチャートに従って対応してください。

解説 ···

1 侵害情報削除請求への対応策（書式は第6章参照）

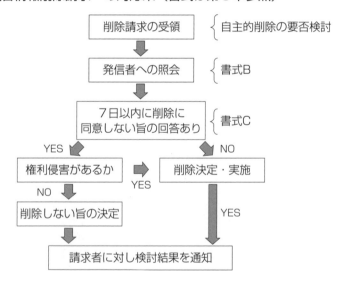

2　発信者情報開示請求への対応策（書式は第6章参照）

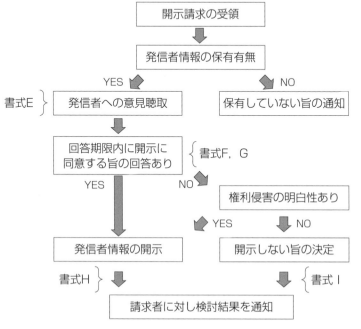

```
          ┌─────────────────────┐
          │   開示請求の受領    │
          └─────────────────────┘
                    ↓
          ┌─────────────────────┐
          │  発信者情報の保有有無  │
          └─────────────────────┘
         YES ↙              ↘ NO
   ┌──────────────────┐   ┌──────────────────┐
書式E│  発信者への意見聴取 │   │  保有していない旨の通知 │
   └──────────────────┘   └──────────────────┘
            ↓
   ┌──────────────────┐
   │  回答期限内に開示に │  書式F，G
   │  同意する旨の回答あり │
   └──────────────────┘
    YES ↓        ↘ NO
                  ┌──────────────────┐
                  │  権利侵害の明白性あり │
                  └──────────────────┘
                   YES ↙      ↓ NO
   ┌──────────────┐   ┌──────────────┐
   │ 発信者情報の開示 │   │ 開示しない旨の決定 │
   └──────────────┘   └──────────────┘
  書式H ↓                    ↓ 書式Ｉ
          ┌────────────────────────┐
          │  請求者に対し検討結果を通知  │
          └────────────────────────┘
```

〔宮澤真志〕

Q151　照会に対する応答がない場合

削除請求がされた後，情報発信者へ照会をしましたが，10日間何も応答がありませんでした。もう削除してもよいですか。

A　はい。削除してかまいません。

解説

発信者へ削除の是非につき照会した後，そこから7日間経過しても，発

信者から回答がない場合，あるいは発信者から削除につき同意する旨の回答があった場合には，削除してかまいません（プロ責3条2項。発信された情報がリベンジポルノ画像などの場合には，この期間は2日に短縮されます）。

　ただし，照会書は発送後直ちに発信者に届くわけではないので，照会書が発信者の元に到達してから7日間の経過が必要であることに注意してください。

〔宮澤真志〕

Q152　削除の自主判断

　情報発信者へ照会した後，7日以内に発信者から，「同意しない」旨の回答が来ました。次に何をすればよいですか。

A 権利侵害があるかどうかを判断してください。

解説

　発信者から，「削除に同意しない」旨の回答が7日以内に来た場合には，プロバイダ責任制限法3条2項の適用がありません。この場合，法律上削除する必要がある情報か否かを，ウェブサイト側で判断しなければなりません。削除の要否判断に関しては，第4章までの内容を参考にしてください。

　このとき，**コラム⑬**で前述したように，利用規約中で，「禁止事項に反する行為にあたるおそれがある場合」まで削除の対象を広げておけば，違反のおそれをもって削除することが可能になります。

　なお，ウェブサイト管理者としては，削除対応をとるか否かにかかわら

ず，検討結果を請求者へきちんと開示する必要があります。

〔宮澤真志〕

Q153　情報の不保持と開示義務

IPアドレスやタイムスタンプなどのログ情報が消えている場合に
も，発信者情報の開示義務を負うのですか。

A 負いません。

解説...

発信者情報が消えている場合には，現実に開示をすることができず，法
的義務も負いません。

また，開示することが著しく困難な場合も，開示義務を負わないとされ
ています。具体的には，情報の抽出のために多額の費用を要する場合や，
情報が体系的に整理されていないためにその存在を把握できない場合がこ
れに当てはまります。

〔宮澤真志〕

Q154　発信者への連絡

発信者情報の開示請求を受けましたが，私は発信者の連絡先を知り
ません。連絡先を知らなくても，照会義務を負うのでしょうか。

A 負いません。

解説……………………………………………………………………………………

　プロバイダ責任制限法では，ウェブサイト管理者に対し，開示を行って
よいかどうか発信者へ照会を行う義務が課されています（プロ責4条2項）。

　しかし，発信者と連絡をとることができない場合その他特別な事情があ
る場合には，照会義務は負いません（同条項）。したがって，本件の場合
も，照会義務はありません。

〔宮澤真志〕

Q155　照会に対する応答がない場合

　問題となる投稿を発信したアカウントに，情報を開示してよいか照
会をかけました。照会書が到達してから10日以内に返事が来ない場
合，情報を開示しても問題はないですか。

A　問題があります。

解説……………………………………………………………………………………

　発信者情報開示請求の場合には，照会を行ってから一定期間経過したこ
とにより，免責されるような規定がありません。この点は，削除請求の場
合と大きく異なります。

　一般的には，2週間程度待っても，開示に同意する旨の回答が来ない場
合には，自ら開示すべきかどうかを判断することになるといえるでしょう。
本問の場合も，ウェブサイト側が自ら開示の要否を判断することとなりま
す。

　もっとも，発信者情報を開示した場合にウェブサイト側が責任を負わな
いのは，権利侵害の「明白性」がある場合のみです。実際には，ウェブサ

イト側で権利侵害の明白性を認めることができる場合は，必ずしも多くないでしょう。

　したがって，発信者から返事が来ない場合には，原則として，開示しないという選択肢をとることになる場合が多いと思われます。

〔宮澤真志〕

Q156　開示の自主判断

　情報発信者へ照会したあと，その発信者から「開示に同意しない」旨の返事がありました。個人的には権利侵害がありそうな気がするので，自社の判断で開示しても問題はないですか。

A　問題となる可能性があります。

解説

　本件では，発信者への照会に対し，「開示に同意しない」との返事がなされたということですので，ウェブサイト側は，自ら開示すべきかどうかを判断しなければなりません。

　しかし，発信者情報を開示した場合にウェブサイト側が責任を負わないのは，権利侵害の「明白性」がある場合のみです。ですが，実際には，ウェブサイト側で権利侵害の明白性を認めることができる場合は，必ずしも多くないでしょう。

　したがって，発信者から「同意しない」旨の返事が来た場合には，Q155と同様に，原則として，開示しないという選択肢をとることになる場合が多いと思われます。

〔宮澤真志〕

Q157　結果の通知

当社で検討した結果，発信者情報を開示しないことになりました。請求を受けてからすでに半年以上経ってしまったのですが，これまで開示しない旨の通知書を出さなかったことについて，問題はないですか。

A 大いに問題があります。

解説

発信者情報を開示しない場合は，後に請求者から，裁判を利用した開示請求がなされることが多いといえます。発信者情報のうちのログ情報（IPアドレスやタイムスタンプなど）は，通常，3カ月程度で消えてしまうとされていますから，請求を受けたサイト側の返事が遅ければ，請求の内容を検討している間にログ情報が消えてしまうことがあります。この場合，請求者から，サイト側が開示請求を放置したために発信者情報が消去されたものとして，損害賠償請求をされるおそれがあります。

本件のように半年も通知が遅れると，その間，ずっと放置していたと思われる可能性があるので，開示しない旨の通知は速やかに出しましょう。

〔宮澤真志〕

コラム⑭

発信者特定のための新たな裁判手続の創設

現行制度において発信者を特定するには，コンテンツプロバイダへIPアドレス・タイムスタンプの開示を求める仮処分と，インターネットサービスプロバイダへ氏名・住所等の開示を求める訴訟の2段階の裁判手続を経る必要があります。

これらの裁判手続には多くの時間・コストがかかることから，被害者にとって負担が大きすぎると問題視されていました。

　上記問題を解決するため，令和３年のプロバイダ責任制限法改正により，新たな裁判手続が創設されることになりました。同裁判手続は，以下の①ないし⑤を一つの手続上で行い，かつ海外事業者への送達も不要なため，迅速な発信者の特定に資するものと期待されています。

① 　裁判所に，コンテンツプロバイダに対する発信者情報開示命令の申立てを行う（プロ責８条）とともに，提供命令の申立てを行い，コンテンツプロバイダが有するインターネットサービスプロバイダの名称の提供を求める（15条１項）。

② 　提供命令が発令されると，コンテンツプロバイダから申立人に対し，インターネットサービスプロバイダの名称が提供される（プロ責15条１項１号イ）。

③ 　②で得たインターネットサービスプロバイダの情報をもとに，インターネットサービスプロバイダに対する発信者情報開示命令の申立てを行い，これをコンテンツプロバイダへ通知する。

④ 　コンテンツプロバイダが，インターネットサービスプロバイダに対して，自身が有する発信者情報（IPアドレス・タイムスタンプ）を提供する（プロ責15条１項２号）。

⑤ 　インターネットサービスプロバイダへの開示命令の申立てが認められると，発信者の氏名・住所などが開示される。

以上の流れをごく簡単に図式化すると，次のように整理できます。

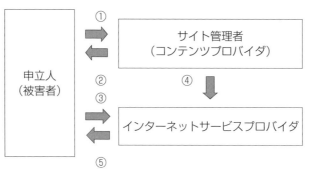

　上記の新たな裁判手続は，令和4年10月1日に施行されることになっています。

　サイト管理者はコンテンツプロバイダに該当するため，上記①，②，④の手続に対応する必要があります。特に④の手続に際して，IPアドレスからインターネットサービスプロバイダを特定するといった作業が発生する可能性があるので留意しましょう。

〔宮澤真志〕

第**6**章

書　式

　侵害情報の削除請求や発信者情報開示請求への対応書式として，一般社団法人テレコムサービス協会等が以下の書式を公表しているので，第5章の参考資料として一部抜粋して掲載します。

出所：プロバイダ責任制限法関連情報Webサイト（http://www.isplaw.jp/）

　　　書式A～C：送信防止措置手続「名誉毀損・プライバシー関係書式（PDF）」

　　　書式D～I：ガイドライン【発信者情報開示関係】「プロバイダ責任制限法発信者情報開示関係ガイドライン」（第8版：令和3年7月）

書式A　侵害情報の削除請求書

書式①－1　侵害情報の通知書兼送信防止措置依頼書（名誉毀損・プライバシー）

　　　　　　　　　　　　　　　　　　　　　　　　　　　　　　　年　月　日

至［特定電気通信役務提供者の名称］御中

　　　　　　　　　　　　　　［権利を侵害されたと主張する者］
　　　　　　　　　　　　　　住所
　　　　　　　　　　　　　　氏名（記名）　　　　　　　　　　　　　　印
　　　　　　　　　　　　　　連絡先（電話番号）
　　　　　　　　　　　　　　　　　（e-mailアドレス）

　　　　　　侵害情報の通知書 兼 送信防止措置依頼書

　あなたが管理する特定電気通信設備に掲載されている下記の情報の流通により私の権利が侵害されたので，あなたに対し当該情報の送信を防止する措置を講じるよう依頼します。

　　　　　　　　　　　　　　　　記

掲載されている場所	URL： その他情報の特定に必要な情報：（掲示板の名称，掲示板内の書き込み場所，日付，ファイル名等）
掲載されている情報	例）私の実名，自宅の電話番号，及びメールアドレスを掲載した上で，「私と割りきったおつきあいをしませんか」という，あたかも私が不倫相手を募集しているかのように装った書き込みがされた。
侵害情報等　侵害されたとする権利	例）プライバシーの侵害，名誉毀損
侵害情報等　権利が侵害されたとする理由（被害の状況など）	例）ネット上では，ハンドル名を用い，実名及び連絡先は非公開としているところ，私の意に反して公表され，交際の申込やいやがらせ，からかいの迷惑電話や迷惑メールを約○○件も受け，精神的苦痛を被った。

　上記太枠内に記載された内容は，事実に相違なく，あなたから発信者にそのまま通知されることになることに同意いたします。

	発信者へ氏名を開示して差し支えない場合は，左欄に○を記入してください。○印のない場合，氏名開示には同意していないものとします。

書式B　発信者に対する意見照会書

書式②－1　侵害情報の通知書兼送信防止措置に関する照会書（名誉毀損・プライ
　　　　　バシー）

年　月　日

至 [　　　　発信者　　　] 御中

　　　　　　　　　　　[特定電気通信役務提供者]
　　　　　　　　　　　住所
　　　　　　　　　　　社名
　　　　　　　　　　　氏名
　　　　　　　　　　　連絡先

　　　　　　侵害情報の通知書 兼 送信防止措置に関する照会書

　あなたが発信した下記の情報の流通により権利が侵害されたとの侵害情報なら
びに送信防止措置を講じるよう申し出を受けましたので，特定電気通信役務提供
者の損害賠償責任の制限及び発信者情報の開示に関する法律（平成13年法律第
137号）第3条第2項第2号に基づき，送信防止措置を講じることに同意され
るかを照会します。
　本書が到達した日より7日を経過してもあなたから送信防止措置を講じること
に同意しない旨の申し出がない場合，当社はただちに送信防止措置として，下記
情報を削除する場合があることを申し添えます。また，別途弊社契約約款に基づ
く措置をとらせていただく場合もございますのでご了承ください。*
　なお，あなたが自主的に下記の情報を削除するなど送信防止措置を講じていた
だくことについては差し支えありません。

記

掲載されている場所	URL：
掲載されている情報	
侵害情報等	侵害されたとする権利	
	権利が侵害されたとする理由	

＊発信者とプロバイダ等（特定電気通信役務提供者）との間に契約約款などがあ
　る場合に付加できる。

書式C　発信者からの回答書

参考書式 回答書（名誉毀損・プライバシー）

　　　　　　　　　　　　　　　　　　　　　　　　　　年　月　日

至［特定電気通信役務提供者の名称］御中
　　　　　　　　　　［発信者］
　　　　　　　　　　　住所
　　　　　　　　　　　氏名
　　　　　　　　　　　連絡先

回 答 書

　あなたから照会のあった次の侵害情報の取扱いについては，下記のとおり回答します。

［侵害情報の表示］

掲載されている場所	URL：
掲載されている情報	
侵害情報等 侵害されたとする権利	
侵害情報等 権利が侵害されたとする理由	

記

［回答内容］（いずれかに○※）

（　）送信防止措置を講じることに同意しません。

（　）送信防止措置を講じることに同意します。

（　）送信防止措置を講じることに同意し，問題の情報については，削除しました。

［回答の理由］

　※○印のない場合，同意がなかったものとして取扱います。

　　　　　　　　　　　　　　　　　　　　　　　　　　　　　以上

書式D　発信者情報開示請求書

書式① 発信者情報開示請求標準書式

年　月　日

至［特定電気通信役務提供者の名称］御中

　　　　　　　［権利を侵害されたと主張する者］（注1）
　　　　　　　　住所
　　　　　　　　氏名　　　　　　　　　　　　　　　　印
　　　　　　　　連絡先

発信者情報開示請求書

　［貴社・貴殿］が管理する特定電気通信設備に掲載された下記の情報の流通により，私の権利が侵害されたので，特定電気通信役務提供者の損害賠償責任の制限及び発信者情報の開示に関する法律（プロバイダ責任制限法。以下「法」といいます）第4条第1項に基づき，［貴社・貴殿］が保有する，下記記載の，侵害情報の発信者の特定に資する情報（以下「発信者情報」といいます）を開示下さるよう，請求します。

　なお，万一，本請求書の記載事項（添付・追加資料を含みます）に虚偽の事実が含まれており，その結果［貴社・貴殿］が発信者情報を開示された加入者等から苦情又は損害賠償請求等を受けた場合には，私が責任をもって対処いたします。

記

［貴社・貴殿］が管理する特定電気通信設備等		（注2）
掲載された情報		
侵害情報等	侵害された権利	
	権利が明らかに侵害されたとする理由（注3）	
	発信者情報の開示を受けるべき正当理由（複数選択可）（注4）	1．損害賠償請求権の行使のために必要であるため 2．謝罪広告等の名誉回復措置の要請のために必要であるため 3．差止請求権の行使のために必要であるため 4．発信者に対する削除要求のために必要であるため 5．その他（具体的にご記入ください）
	開示を請求する発信者情報（複数選択可）	1．発信者の氏名又は名称 2．発信者の住所 3．発信者の電話番号 4．発信者の電子メールアドレス 5．侵害情報が流通した際の，当該発信者のIPアドレス及び当該IPアドレスと組み合わされたポート番号（注5） 6．侵害情報に係る携帯電話端末等からのインターネット接続サービス利用者識別符号（注5）

		7．侵害情報に係るSIMカード識別番号のうち，携帯電話端末等からのインターネット接続サービスにより送信されたもの（注5） 8．5ないし7から侵害情報が送信された年月日及び時刻
	証拠（注6）	添付別紙参照
発信者に示したくない私の情報（複数選択可）（注7）		1．氏名（個人の場合に限る） 2．「権利が明らかに侵害されたとする理由」欄記載事項 3．添付した証拠
弁護士が代理人として請求する際に本人性を証明する資料の添付を省略する場合（注8）		□　私（代理人弁護士）が，請求者が間違いなく本人であることを確認しています。 ※　上記チェックボックス（□）にチェックしてください。

（注1）原則として，個人の場合は運転免許証，パスポート等本人を確認できる公的書類の写しを，法人の場合は資格証明書を添付してください。

（注2）URLを明示してください。ただし，経由プロバイダ等に対する請求においては，IPアドレス，当該IPアドレスと組み合わされたポート番号，タイムスタンプ（侵害情報が送信された年月日及び時刻）等，発信者の特定に資する情報を明示してください。

（注3）著作権，商標権等の知的財産権が侵害されたと主張される方は，当該権利の正当な権利者であることを証明する資料を添付してください。

（注4）法第4条第3項により，発信者情報の開示を受けた者が，当該発信者情報をみだりに用いて，不当に当該発信者の名誉又は生活の平穏を害する行為は禁じられています。

（注5）携帯電話端末等からのインターネット接続サービスにより送信されたものについては，特定できない場合がありますので，あらかじめご承知おきください。

（注6）証拠については，プロバイダ等において使用するもの及び発信者への意見照会用の2部を添付してください。証拠の中で発信者に示したくない証拠がある場合（注7参照）には，発信者に対して示してもよい証拠一式を意見照会用として添付してください。請求者が著作権等又は商標権の権利者であること及び著作権等又は商標権侵害の事実に関して，プロバイダ責任制限法ガイドライン等検討協議会（以下「協議会」といいます）によって認定された信頼性確認団体がその内容を証した場合は，その旨記載して下さい。P2Pによる権利侵害を理由として請求する場合であって，協議会によって認定されたシステムを用いたときは，当該システムの名称を記載するとともに当該システムに記録された発信元ノード（ユーザのPC等）のIPアドレス，ポート番号，ファイルハッシュ値，ファイルサイズ，ダウンロード完了時刻等のメタデータの出力結果を添付することとします。当該システムの特定方法の信頼性等に関して協議会が認定した技術的範囲に関する技術的資料の添付は不要です。

（注7）請求者の氏名（法人の場合はその名称），「管理する特定電気通信設備」，「掲載された情報」，「侵害された権利」，「権利が明らかに侵害されたとする理由」，「開示を受けるべき正当理由」，「開示を請求する発信者情報」の各欄記載事項及び添付した証拠については，発信者に示した上で意見照会を行うことを原則としますが，請求者が個人の場合の氏名，「権利侵害が明らかに侵害されたとする理由」及び証拠について，発信者に示してほしくないものがある場合にはこれを示さずに意見照会を行いますので，その旨明示してください。なお，連絡先については原則として発信者に示すことはありません。

　　　ただし，請求者の氏名に関しては，発信者に示さなくとも発信者により推知されることがあります。

（注8）（注1）の例外として，請求者の代理人が弁護士である場合において，当該代理人が，権利を侵害された者が本人であることを確認していることを表明する場合には，本人性を証明する資料の添付を省略することができます。

以上

- -

［特定電気通信役務提供者の使用欄］

開示請求受付日	発信者への意見照会日	発信者の意見	回答日
（日付）	（日付） 照会できなかった場合はその理由：	有（日付） 無	開示（日付） 非開示（日付）

書式E　発信者に対する意見照会書

書式②　発信者に対する意見照会書

年　月　日

至　〔　　　発信者　　　〕御中

〔特定電気通信役務提供者〕
住所
社名
氏名
連絡先

発信者情報開示に係る意見照会書

　この度，次葉記載の情報の流通により権利が侵害されたと主張される方から，次葉記載の発信者情報の開示請求を受けました。つきましては，特定電気通信役務提供者の損害賠償責任の制限及び発信者情報の開示に関する法律（プロバイダ責任制限法）第4条第2項に基づき，〔弊社・私〕が開示に応じることについて，貴方（注）のご意見を照会いたします。

　ご意見がございましたら，本照会書受領日から二週間以内に，添付回答書（書式③-1）にてご回答いただきますよう，お願いいたします。二週間以内にご回答いただけない事情がございましたら，その理由を〔弊社・私〕までお知らせください。開示に同意されない場合には，その理由を，回答書に具体的にお書き添えください。なお，ご回答いただけない場合又は開示に同意されない場合でも，同法の要件を満たしている場合には，〔弊社・私〕は，次葉記載の発信者情報を，権利が侵害されたと主張される方に開示することがございますので，その旨ご承知おきください。

(注) 権利を侵害したとされる情報を貴方が発信されていなくても，実際には，インターネット接続を共用されているご家族・同居人等が発信されている場合があります。その場合，貴方ではなく，発信者であるご家族・同居人等のご意見を照会したく，ご確認の上，添付回答書（書式③-2）により発信者からご回答いただけるようお手配ください。

請求者の氏名 （法人の場合は名称）		
〔弊社・私〕が管理する特定電気通信設備		
掲載された情報		
侵害情報等	侵害された権利	
	権利が明らかに侵害されたとする理由	
	発信者情報の開示を受けるべき正当理由	1．損害賠償請求権の行使のために必要であるため 2．謝罪広告等の名誉回復措置の要請のために必要であるため 3．差止請求権の行使のために必要であるため 4．削除要求のために必要であるため 5．その他
	開示を請求されている発信者情報	1．発信者の氏名又は名称 2．発信者の住所 3．発信者の電話番号 4．発信者の電子メールアドレス 5．情報が流通した際の，IPアドレス及び当該IPアドレスと組み合わされたポート番号 6．侵害情報に係る携帯電話端末等からのインターネット接続サービス利用者識別符号 7．侵害情報に係るSIMカード識別番号のうち，携帯電話端末等からのインターネット接続サービスにより送信されたもの 8．5ないし7から侵害情報が送信された年月日及び時刻
	証拠	添付別紙参照
	その他	

以上

書式F　発信者からの回答書

書式③−1 発信者からの回答書

　　　　　　　　　　　　　　　　　　　　　　　　　　年　月　日
至［特定電気通信役務提供者の名称］御中

　　　　　　　　　　　　　　　　　　　［発信者］
　　　　　　　　　　　　　　　住所
　　　　　　　　　　　　　　　氏名　　　　　　　　　　　印
　　　　　　　　　　　　　　　連絡先

　　　　　　　　　　　　　回　答　書

　〔貴社・貴方〕より照会のあった私の発信者情報の取扱いについて，下記のとおり回答します。

　　　　　　　　　　　　　　　記

［回答内容］（いずれかに○）

（　）発信者情報開示に同意しません。
［理由］（注）

（　）発信者情報開示に同意します。
［備考］

　　　　　　　　　　　　　　　　　　　　　　　　　　　　　以上

（注）理由の内容が相手方に対して開示を拒否する理由となりますので，詳細に書いてください。証拠がある場合は，本回答書に添付してください。理由や証拠中に相手方にとって貴方を特定し得る情報がある場合は，黒塗りで隠す等して下さい。

書式G　発信者（加入者のご家族・同居人）からの回答書

書式③－2 発信者（加入者のご家族・同居人）からの回答書

〔弊社・私〕のサービスを実際に利用して発信されたのが，ご加入者ではなく，ご家族・同居人等（発信者）の場合，この書式により発信者からご回答をお願いします。

年　月　日

至〔特定電気通信役務提供者の名称〕御中

〔発信者（加入者のご家族・同居人）〕

住所
氏名　　　　　　　　　　　　　　印
連絡先

回　答　書

　発信者情報の開示請求者がその流通により権利を侵害されたと主張する情報は，〔貴社・貴方〕から照会をした加入者ではなく，私が発信した情報ですので，私の発信者情報の取扱いについて，下記のとおり回答します。

記

［回答内容］（いずれかに○）

（　）発信者情報開示に同意しません。
［理由］（注）

（　）本件については，発信者情報開示請求者と直接連絡を取りたいので，加入者の情報に代え，上記の私の住所，氏名及び連絡先を請求者に通知願います。

以上

（注）理由の内容が相手方に対して開示を拒否する理由となりますので，詳細に書いてください。証拠がある場合は，本回答書に添付してください。理由や証拠は，原則としてそのまま相手方に通知されます。理由や証拠中に相手方にとって貴方を特定し得る情報がある場合は，黒塗りで隠す等して下さい。

書式H　発信者情報開示決定通知書

書式④ 発信者情報開示決定通知書

年　月　日

至 ［権利を侵害されたと主張する者］様

```
                        ［特定電気通信役務提供者の名称］
                          住所
                          氏名
                          連絡先
```

通　知　書

　貴殿から下記情報に関し請求のありました，〔弊社・私〕が保有する発信者情報の開示について，添付別紙のとおり開示いたしますので，その旨ご通知申し上げます。なお，開示を受けるにあたっては，下記の注意事項をご理解いただきますよう，お願い申し上げます。

記

［注意事項］
特定電気通信役務提供者の損害賠償責任の制限及び発信者情報の開示に関する法律（プロバイダ責任制限法）第４条第３項により，当該発信者情報をみだりに用いて，不当に発信者の名誉又は生活の平穏を害する行為は禁じられています。

以上

書式 I　発信者情報不開示決定通知書

書式⑤ 発信者情報不開示決定通知書

年　月　日

至 ［権利を侵害されたと主張する者］様

［特定電気通信役務提供者の名称］
住所
氏名
連絡先

通　知　書

　貴殿から下記情報の発信者情報の開示について請求がありましたが，下記の理由で，開示に応じることは致しかねますので，その旨ご通知申し上げます。

記

［理由］（いずれかに○）
1．貴殿よりご連絡のあった情報を特定することができませんでした。
2．貴殿よりご連絡のあった発信者情報を保有しておりません。
3．貴殿よりご連絡のあった情報の流通により，「権利が侵害されたことが明らか」（特定電気通信役務提供者の損害賠償責任の制限及び発信者情報の開示に関する法律（プロバイダ責任制限法）第4条第1項第1号）であると判断できません。
4．貴殿が挙げられた，発信者情報の開示を受けるべき理由が，「開示を受けるべき正当な理由」（同項第2号）に当たると判断できません。
5．貴殿から頂いた発信者情報開示請求書には，以下のような形式的な不備があります。
　不備内容：

6．その他（追加情報の要求等　　　　　　　　　　　　　　　　　　）

以上

索　引

〈編者紹介〉

雪丸　真吾　（ゆきまる　しんご）

　　虎ノ門総合法律事務所　弁護士。著作権法学会会員。日本ユニ著作権センター相談員。慶應義塾大学芸術著作権演習Ⅰ講師。著書に，『Q&A引用・転載の実務と著作権法〔第5版〕』（編著，中央経済社，2021年）。

福市　航介　（ふくいち　こうすけ）

　　株式会社メルコイン　弁護士。著作権法学会会員。著書に，『Q&A引用・転載の実務と著作権法〔第5版〕』（共著，中央経済社，2021年）。

宮澤　真志　（みやざわ　まさし）

　　三村小松山縣法律事務所　弁護士。著書に，『Q&A引用・転載の実務と著作権法〔第5版〕』（共著，中央経済社，2021年）。

〈著者紹介〉

杉浦　尚子　（すぎうら　なおこ）

　　虎ノ門総合法律事務所　弁護士。UCLA，LLM取得，日本およびNY州弁護士。日本ユニ著作権センター相談員。著書に，『Q&A引用・転載の実務と著作権法〔第5版〕』。（共著，中央経済社，2021年）。

亀井　弘泰　（かめい　ひろやす）

　　虎ノ門総合法律事務所　弁護士。著書に，『Q&A引用・転載の実務と著作権法〔第5版〕』（共著，中央経済社，2021年）。『わかって使える商標法』（代表執筆，太田出版，2017年）。

近藤　美智子　（こんどう　みちこ）

　　虎ノ門総合法律事務所　弁護士。ロンドン大学クイーンメアリー校LLM取得（知的財産権専攻）。著作権法学会会員。日本ユニ著作権センター相談員。著書に，『Q&A引用・転載の実務と著作権法〔第5版〕』（共著，中央経済社，2021年），『わかって使える商標法』（共著，太田出版，2017年）。

廣瀬　貴士　（ひろせ　たかし）

　　中田&パートナーズ法律事務所　弁護士。

山根　俊一郎　（やまね　しゅんいちろう）

　　虎ノ門総合法律事務所　弁護士。著書に，『Q&A引用・転載の実務と著作権法〔第5版〕』（共著，中央経済社，2021年）。

佐賀　博美　（さが　ひろみ）

　　弁護士法人M&A総合法律事務所　弁護士。著書に，『Q&A引用・転載の実務と著作権法〔第5版〕』（共著，中央経済社，2021年）。

真喜志　ちひろ　（まきし　ちひろ）
　虎ノ門総合法律事務所　弁護士。著書に,『Q&Aでわかる業種別法務　学校』(共著,
中央経済社, 2021年),『問題社員をめぐるトラブル予防・対応アドバイス』(共著,
新日本法規出版, 2021年),『問題社員をめぐるトラブル予防・対応文例集』(共著,
新日本法規出版, 2021年)。

三宅　恵美子　（みやけ　えみこ）
　虎ノ門総合法律事務所　弁護士。

コンテンツ別
ウェブサイトの著作権Q&A（第2版）

2018年8月15日　第1版第1刷発行	
2020年11月30日　第1版第7刷発行	
2022年9月1日　第2版第1刷発行	
2023年10月15日　第2版第3刷発行	

編　者　雪　丸　真　吾
　　　　福　市　航　介
　　　　宮　澤　真　志
発行者　山　本　　　継
発行所　㈱中央経済社
発売元　㈱中央経済グループ
　　　　パブリッシング

〒101-0051　東京都千代田区神田神保町1-35
電話　03 (3293) 3371(編集代表)
　　　03 (3293) 3381(営業代表)
https://www.chuokeizai.co.jp

©2022
Printed in Japan

印刷／㈱堀内印刷所
製本／㈲井上製本所